Fundamentos de instalações elétricas

DIALÓGICA

O selo DIALÓGICA da Editora InterSaberes faz referência às publicações que privilegiam uma linguagem na qual o autor dialoga com o leitor por meio de recursos textuais e visuais, o que torna o conteúdo muito mais dinâmico. São livros que criam um ambiente de interação com o leitor – seu universo cultural, social e de elaboração de conhecimentos –, possibilitando um real processo de interlocução para que a comunicação se efetive.

Fundamentos de instalações elétricas

Márcia Marcondes Altimari Samed

Rua Clara Vendramin, 58 • Mossunguê
CEP 81200-170 • Curitiba • PR • Brasil
Fone: (41) 2106-4170
www.intersaberes.com
editora@editoraintersaberes.com.br

conselho editorial • Dr. Ivo José Both (presidente) • Dr.ª Elena Godoy • Dr. Nelson Luís Dias • Dr. Neri dos Santos • Dr. Ulf Gregor Baranow

editora-chefe • Lindsay Azambuja

supervisora editorial • Ariadne Nunes Wenger

analista editorial • Ariel Martins

preparação de originais • MLM Edições e Revisões

capa • Fabio Vinicius da Silva (*design*) • Busara, sirastock e Martina Vaculikova/Shutterstock (imagens)

projeto gráfico • Mayra Yoshizawa

diagramação • Sincronia Design

iconografia • Regina Claudia Cruz Prestes

1ª edição, 2017.
Foi feito o depósito legal.
Informamos que é de inteira responsabilidade da autora a emissão de conceitos.
Nenhuma parte desta publicação poderá ser reproduzida por qualquer meio ou forma sem a prévia autorização da Editora InterSaberes.
A violação dos direitos autorais é crime estabelecido na Lei n. 9.610/1998 e punido pelo art. 184 do Código Penal.

Dado internacionais de Catalogação na Publicação (CIP)
(Câmara Brasileira do Livro, SP, Brasil)

Samed, Márcia Marcondes Altimari
Fundamentos de instalações elétricas/Márcia Marcondes Altimari Samed. Curitiba: InterSaberes, 2017.

    Bibliografia.
    ISBN 978-85-5972-212-3

1. Instalações elétricas 2. Instalações elétricas – Estudo e ensino I. Título.

16-07333   CDD-621.31

Índices para catálogo sistemático
1. Instalações elétricas: Estudo e ensino 621.31

Sumário

Apresentação 7
Como aproveitar ao máximo este livro 9

1 Conceitos fundamentais 13
1.1 Lei de Coulomb 16
1.2 Materiais condutores, isolantes e semicondutores 17
1.3 Campo elétrico e linhas de força 18
1.4 Energia potencial elétrica 19
1.5 Diferença de potencial elétrico 19
1.6 Corrente elétrica 19
1.7 Resistência e Lei de Ohm 20
1.8 Magnetismo 20
1.9 Campos magnéticos e linhas de força 21
1.10 Indução eletromagnética 22

2 Introdução aos circuitos elétricos 25
2.1 Leis de Kirchhoff 28
2.2 Elementos ativos 29
2.3 Análise de circuitos R, L e C 30
2.4 Circuito RLC série 34
2.5 Impedâncias e admitâncias 37
2.6 Potência 38
2.7 Correção de fator de potência 41

3 Princípios de sistemas elétricos de potência 47
3.1 Geração de energia elétrica 51
3.2 Transmissão de energia elétrica 59
3.3 Distribuição de energia elétrica 67

4 A ABNT NBR 5410:2004 71
    4.1 Componentes da instalação 75
    4.2 Proteção contra choques elétricos 75
    4.3 Conceito de linhas elétricas 77
    4.4 Serviços de segurança 78
    4.5 Anexos da Norma 79

5 Planejamento das instalações elétricas 83
    5.1 O projeto 86
    5.2 Iluminação 90
    5.3 Tomadas 99
    5.4 Divisão da carga em circuitos 103
    5.5 Diagrama unifilar 105
    5.6 Linhas elétricas 105
    5.7 Eletrodutos 115

6 Proteção, manobra, comando, seccionamento e segurança 123
    6.1 Proteção e manobra 126
    6.2 Seccionamento e comando 133
    6.3 Instalações de segurança 134

Para concluir... 143
Referências 145
Respostas 146
Sobre a autora 151

Apresentação

Ao disponibilizarmos esta obra, nosso intuito é trazer uma visão global sobre os sistemas elétricos, para que, você, leitor, possa gerenciar a utilização de energia elétrica na produção industrial, conhecer materiais e equipamentos ali utilizados e compreender o funcionamento dos circuitos elétricos e os requisitos necessários para o planejamento de um projeto. Desejamos, ainda, que você, seja capaz de utilizar as normas técnicas e de segurança para instalações industriais, identificar a necessidade de inspeção e manutenção e definir procedimentos seguros para a melhor utilização da energia elétrica.

Objetivamos nesta obra, portanto, propiciar a você uma visão sistêmica das instalações elétricas. No Capítulo 1, apresentamos conceitos fundamentais do eletromagnetismo. No Capítulo 2, abordamos o comportamento de tensões e correntes em circuitos de corrente alternada. Além disso, tratamos das diferentes formas de representação da potência e propomos um estudo sobre correção de fator de potência. Com base nesses conhecimentos, no Capítulo 3, versamos sobre a compreensão dos sistemas elétricos de potência, destacando o funcionamento da geração, da transmissão e da distribuição de energia elétrica. Em seguida, no Capítulo 4, tratamos da norma que rege as instalações elétricas – a ABNT NBR 5410, de 2004. No Capítulo 5, demonstramos como se faz um projeto nessa área, englobando a luminotécnica e os circuitos de iluminação e tomadas, além da proteção e do traçado do diagrama unifilar. No Capítulo 6, por fim, citamos os componentes de proteção, manobra, comando e seccionamento que podem ser empregados nessas instalações.

Como aproveitar ao máximo este livro

Este livro traz alguns recursos que visam enriquecer o seu aprendizado, facilitar a compreensão dos conteúdos e tornar a leitura mais dinâmica. São ferramentas projetadas de acordo com a natureza dos temas que vamos examinar. Veja a seguir como esses recursos se encontram distribuídos no decorrer desta obra.

Conteúdos do capítulo
Logo na abertura do capítulo, você fica conhecendo os conteúdos que nele serão abordados.

Após o estudo deste capítulo, você será capaz de:
Você também é informado a respeito das competências que irá desenvolver e dos conhecimentos que irá adquirir com o estudo do capítulo.

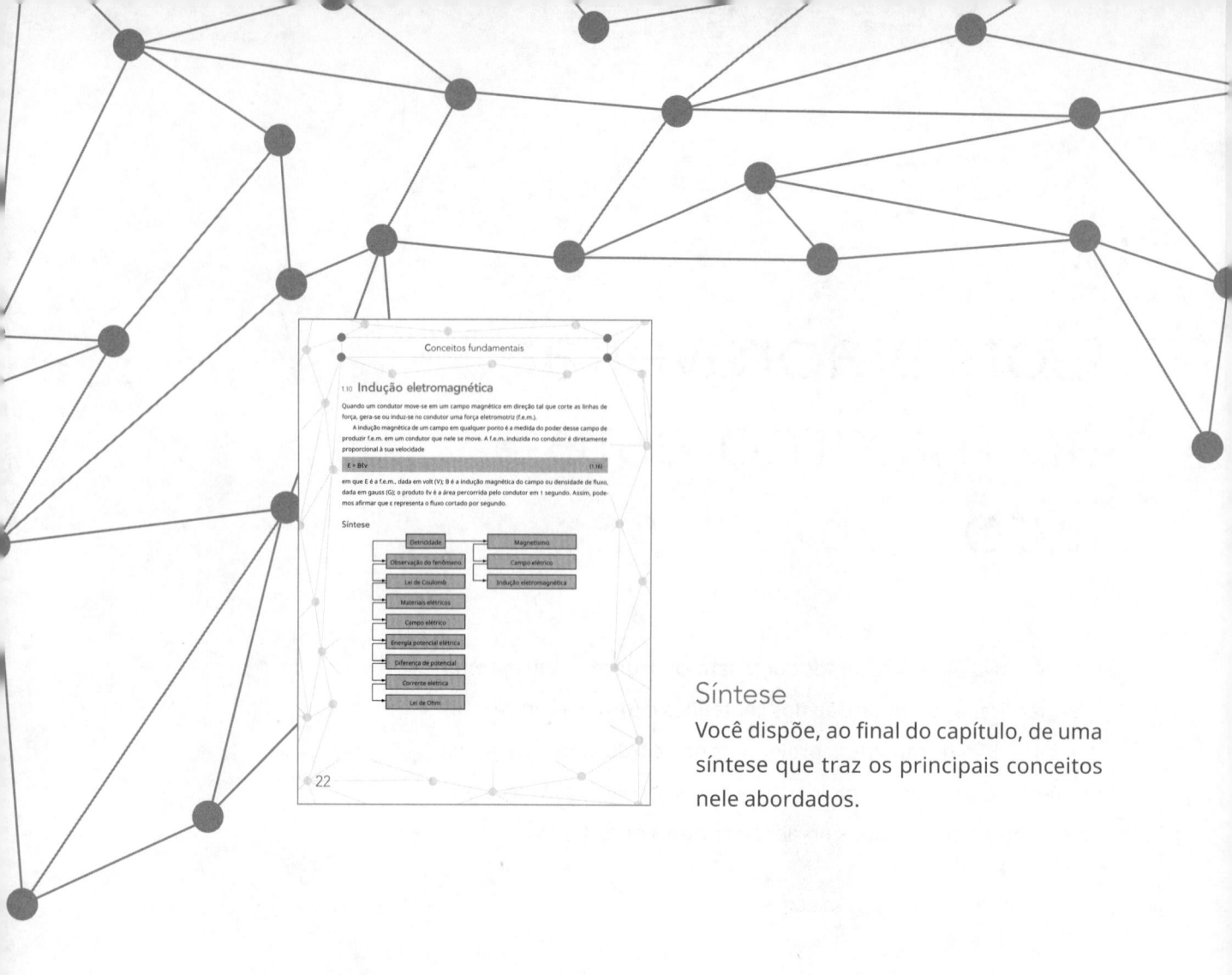

Síntese
Você dispõe, ao final do capítulo, de uma síntese que traz os principais conceitos nele abordados.

Questões para revisão
Com estas atividades, você tem a possibilidade de rever os principais conceitos analisados. Ao final do livro, o autor disponibiliza as respostas às questões, a fim de que você possa verificar como está sua aprendizagem.

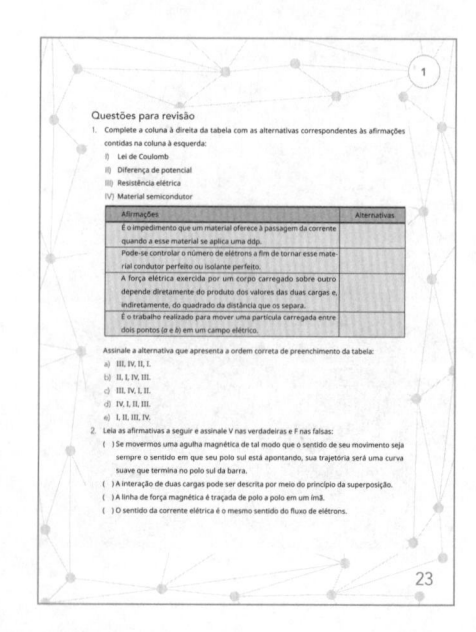

Questões para reflexão
Nesta seção, a proposta é levá-lo a refletir criticamente sobre alguns assuntos e trocar ideias e experiências com seus pares.

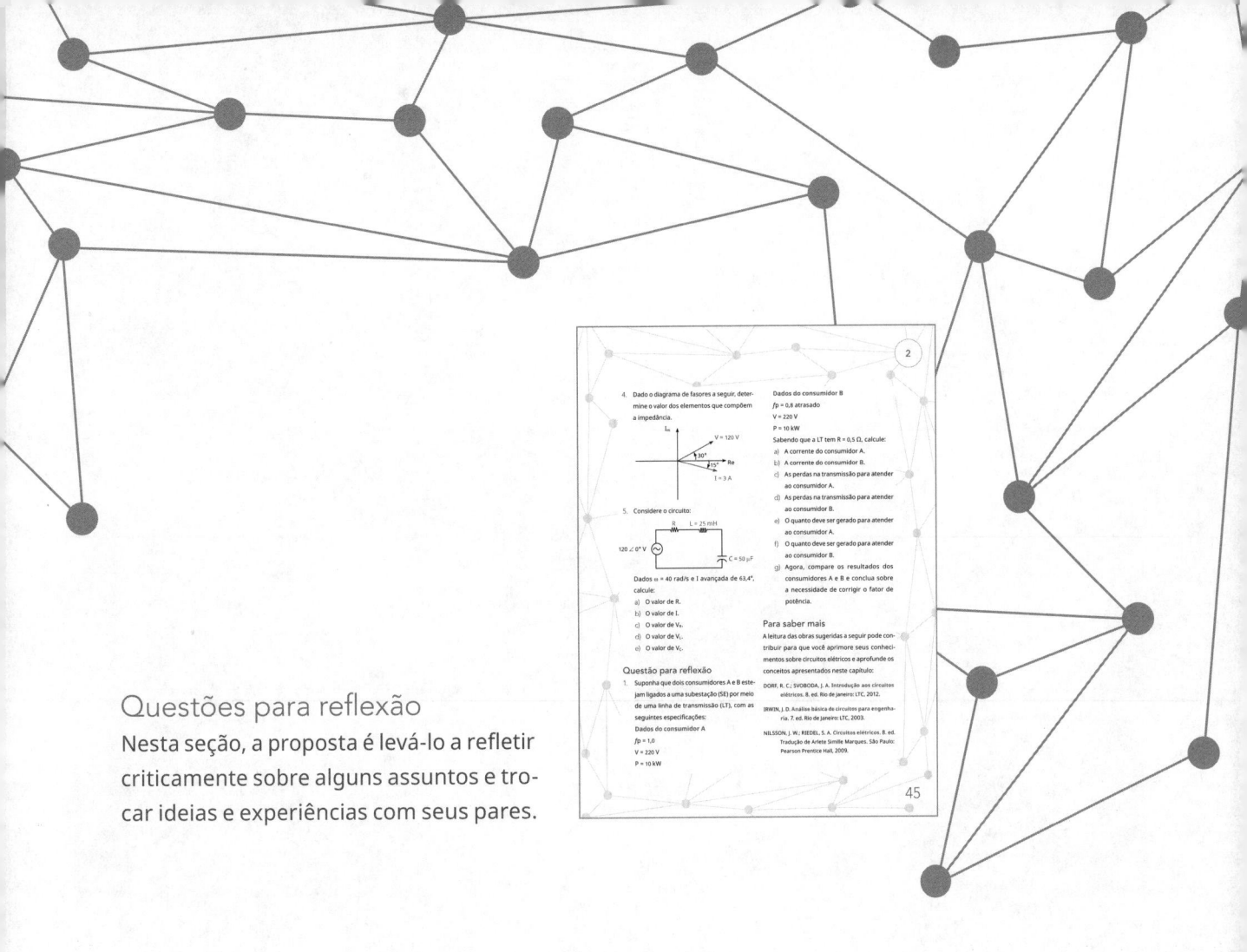

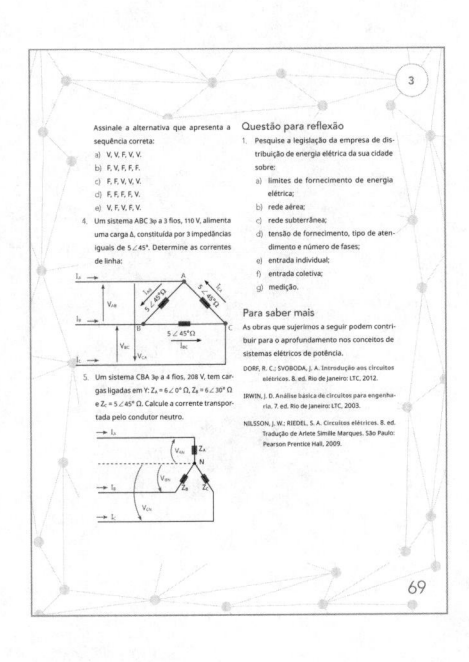

Para saber mais
Você pode consultar as obras indicadas nesta seção para aprofundar sua aprendizagem.

1.
Conceitos fundamentais

Conteúdos do capítulo:

- Lei de Coulomb.
- Materiais condutores, isolantes e semicondutores.
- Campo elétrico e linhas de força.
- Energia potencial elétrica.
- Diferença de potencial elétrico.
- Corrente elétrica.
- Resistência e Lei de Ohm.
- Magnetismo.
- Campo magnético e linhas de força.
- Indução eletromagnética.

Após o estudo deste capítulo, você será capaz de:

1. compreender os princípios básicos da eletricidade;
2. indicar os princípios básicos do magnetismo.

Conceitos fundamentais

Atualmente, fala-se muito sobre aumento de produtividade, inovação tecnológica, globalização e tantos outros temas, os quais estão diretamente relacionados à **energia elétrica**. Nesse contexto, a energia é fator imprescindível para a produção de bens e serviços, seja por se caracterizar como insumo básico da produção industrial e, consequentemente, da inovação tecnológica, seja por se revelar como insumo fundamental para a informação.

O conceito atual de energia é resultado da somatória de conhecimentos iniciados ainda na Pré-História. Naquela época, já se observavam os fenômenos físicos provenientes da interação de cargas elétricas. Os primeiros experimentos consistiam em friccionar um pedaço de âmbar em um pedaço de lã até que adquirisse a capacidade de atrair pequenos objetos. Em meados do século XVIII, surgiram as importantes contribuições de Benjamin Franklin (1706-1790), responsável pelo desenvolvimento do princípio do para-raios, aparelho destinado a escoar cargas elétricas. Alessandro Volta (1745-1827) concebeu a primeira pilha eletroquímica, a qual deu origem às baterias. No século XIV, André-Marie Ampère (1775-1836) foi o primeiro a definir um procedimento que permitiu medir a corrente elétrica. Posteriormente, James Prescott Joule (1818-1889) apontou a relação entre a corrente elétrica e a energia dissipada na forma de calor; James Clerck Maxwell (1831-1879) estabeleceu a teoria da eletrodinâmica; Alexander Graham Bell (1847-1922) inventou o telefone e Thomas Edison (1847-1931) construiu a primeira usina de geração hidroelétrica. No século XX, podemos destacar a descoberta do diodo, que propiciou o desenvolvimento da eletrônica e tudo o que com ela se relaciona. Nessa época, foram concebidos os circuitos integrados, o rádio, a televisão, o computador, as transmissões via satélite, os cabos de fibra ótica, a internet, entre outros.

É possível concluir que foi o fenômeno natural da eletricidade que permitiu o desenvolvimento de sistemas de comunicação e informação, equipamentos de computação, tecnologias de máquinas e equipamentos eletroeletrônicos, sistemas de automação, entre outros.

Este livro sobre instalações industriais foi especialmente elaborado para evidenciar os elos entre os itens citados. Para isso, necessitamos cumprir alguns prerrequisitos essenciais. Neste capítulo, vamos relembrar alguns conceitos fundamentais sobre **eletricidade** e **magnetismo**.

1.1 Lei de Coulomb

Primeiramente, versaremos sobre os conceitos das cargas elétricas. Nesse contexto, há o **princípio da neutralidade elétrica**[i], em que a maioria dos objetos existentes esconde as enormes quantidades de cargas elétricas positivas e negativas que contêm. Grande parte das cargas se cancela mutuamente, sem produzir efeitos externos.

---
i   Este princípio enuncia que, para cada íon positivo, existe um íon negativo que o neutraliza.

A natureza revela alguns efeitos interessantes apenas quando esse equilíbrio elétrico é perturbado. Quando se afirma que um corpo está "carregado", significa que ele está com um desequilíbrio de cargas.

No entanto, corpos carregados exercem força uns sobre os outros. Dessa forma, cargas de mesmo sinal se repelem e cargas de sinais opostos se atraem.

Charles Augustin de Coulomb (1736-1806) montou um experimento denominado *balança de torção*, no qual conseguiu medir as forças de atração e repulsão e deduziu a lei que as rege. Seus experimentos mostraram que a força elétrica exercida por um corpo carregado sobre outro depende diretamente do produto dos valores das duas cargas e, indiretamente, do quadrado da distância que os separa, como demonstrado na Equação 1.1:

$$F = k \frac{q_1 \cdot q_2}{r^2} \quad (1.1)$$

em que F é a força, em Newtons (N), k é uma constante, q_1 e q_2 são cargas, em Coulombs (C), e r é a distância, em metros (m).

Essa lei só é válida para objetos carregados, cujos tamanhos sejam menores do que a distância entre eles.

Uma vez que a força é uma grandeza vetorial, ela tem módulo, direção e sentido.

Utilizando o **princípio da superposição**[ii], podemos obter a força resultante que uma carga q_1 exerce sobre um conjunto de cargas $q_2, ..., q_n$:

$$F_1 = F_{12} + ... + F_{1n} \quad (1.2)$$

em que F_{12} é a força que q_1 exerce sobre q_2, e F_{1n} é a força que q_1 exerce sobre q_n.

1.2 Materiais condutores, isolantes e semicondutores

A distinção entre condutores e isolantes pode ser explicada com base no número de elétrons de condução disponíveis. Em um condutor, cada átomo pode contribuir com um elétron de condução ou cerca de 10^{23} elétrons por cm^3. Em um isolante à temperatura ambiente, é improvável que exista um só elétron de condução por cm^3.

A água da torneira pode conter diversas substâncias, provenientes de fontes naturais ou mesmo de processos de tratamento feitos pelas empresas de saneamento. Por isso, ela pode conduzir eletricidade. São condutores também o cobre, outros metais e o próprio corpo humano. Nos metais, os elétrons (cargas negativas) são livres para se deslocar.

Já a água quimicamente pura é totalmente livre de quaisquer outras substâncias (é composta apenas de H_2O) e, assim, é considerada um isolante. Os materiais isolantes bloqueiam

---

[ii] O princípio da superposição consiste em adicionar vetorialmente as forças que atuam separadamente entre dois corpos para obter a força resultante.

o deslocamento das cargas. Outros exemplos de materiais isolantes são o vidro e o plástico.

Há, ainda, outra classe de materiais cuja densidade de elétrons de condução pode ser alterada por pequenas mudanças nas condições do material. São os chamados *semicondutores*. É possível controlar o número de elétrons desse material tornando-o condutor perfeito ou isolante perfeito. Dois semicondutores muito usados em componentes eletrônicos são o germânio e o silício.

1.3 Campo elétrico e linhas de força

Conforme comentamos anteriormente, a Lei de Coulomb estabelece uma força que atua entre duas cargas ou mais (princípio da superposição). Entretanto, há um "intermediário" que age entre as cargas: o campo elétrico. Se forem analisadas as interações de uma carga de prova, q_0, com uma segunda carga, q, temos que:

$$E = \frac{F}{q_0} \quad (1.3)$$

em que E é o campo elétrico (N/C ou V/m) e tem a direção e o sentido da força elétrica F, e q é um escalar positivo.

Podemos, ainda, reescrever a Equação 1.3 da seguinte forma:

$$E = k \cdot \frac{q}{r^2} \quad (1.4)$$

Se desejarmos encontrar o campo E de um conjunto de cargas pontuais, devemos calcular cada campo separadamente e somá-los vetorialmente:

$$E = E_1 + \ldots\ldots + E_n \quad (1.5)$$

A Equação 1.5 nada mais é do que o princípio da superposição.

A direção do campo elétrico em qualquer ponto pode ser obtida pelas linhas de força, as quais se originam em cargas positivas e terminam em cargas negativas, conforme representado na Figura 1.1.

Figura 1.1
Linhas de força

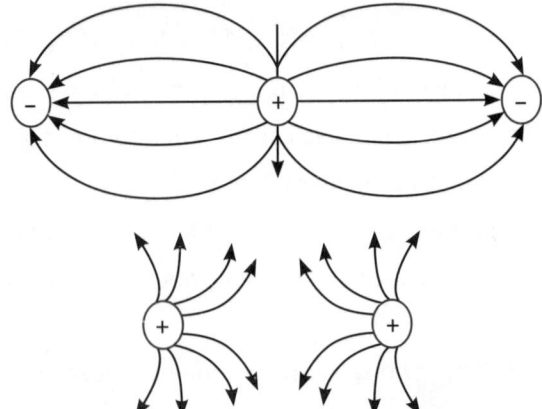

1.4 Energia potencial elétrica

Uma partícula carregada colocada em um campo elétrico sob a ação de uma força elétrica tem energia potencial elétrica.

A energia potencial elétrica é igual ao trabalho realizado por um agente externo para trazer uma carga de uma distância até o ponto especificado:

$$U = F \cdot r \quad (1.6)$$

em que F é força elétrica, dada em Newtons (N), r é a distância, dada em metros (m) e U é dada em Joule (J).

Podemos reescrever a Equação 1.6 da seguinte forma:

$$U = k \cdot \frac{q \cdot q_0}{r} \quad (1.7)$$

1.5 Diferença de potencial elétrico

Potencial elétrico pode ser definido como a energia potencial por unidade de carga de prova:

$$V = \frac{U}{q_0} \quad (1.8)$$

em que V é dada em volt (V).

Reescrevendo a Equação 1.8, temos:

$$V = k \cdot \frac{q}{r} \quad (1.9)$$

A diferença de potencial elétrico (ddp) é o trabalho realizado para mover uma partícula carregada entre dois pontos (a e b) em um campo elétrico.

$$\Delta V = V_b - V_a = \frac{U_b - U_a}{q_0} \quad (1.10)$$

O potencial elétrico em qualquer ponto devido a um grupo de n cargas pontuais é obtido somando-se os potenciais devido a cada carga:

$$V = V_1 + V_2 + \ldots + V_n \quad (1.11)$$

ou

$$V = k\left(\frac{q_1}{r_1} + \frac{q_2}{r_2} + \ldots + \frac{q_n}{r_n}\right) \quad (1.12)$$

1.6 Corrente elétrica

Se for feito um corte em uma seção de uma superfície condutora para observar a variação da carga ao longo do tempo, teremos:

$$I = \frac{\Delta q}{\Delta t} \quad (1.13)$$

em que I é a corrente, dada em ampère (A).

Em um condutor isolado, os elétrons estão em movimento desordenado. Se aplicarmos uma ddp (V) aos extremos do condutor, teremos um movimento alinhado de elétrons em virtude do campo. O sentido da corrente é adotado como sendo o sentido contrário ao movimento de elétrons.

Conceitos fundamentais

1.7 Resistência e Lei de Ohm

Resistência (R) é o impedimento que um material oferece à passagem da corrente quando a ele é aplicado uma ddp. O valor da resistência pode ser obtido por meio de uma relação entre a diferença de potencial e a corrente. Essa relação é conhecida como *Lei de Ohm*.

$$R = \frac{V}{I} \qquad (1.14)$$

em que R é dado em ohm (Ω).

Resistividade (ρ) é uma característica dos materiais. Os condutores têm baixa resistividade ($\rho_{cobre} = 1{,}7 \cdot 10^{-8} \cdot m$) ao passo que os isolantes têm alta resistividade ($10^{10} \leq \rho_{vidro} \leq 10^{14}\ \Omega \cdot m$). *Condutividade* é o inverso da resistividade. Assim, um material condutor tem valor alto de condutividade e os isolantes, baixo valor de condutividade.

A resistência também pode ser obtida a partir da resistividade de um material, de seu comprimento e de sua respectiva área:

$$R = \frac{\rho \cdot \ell}{A} \qquad (1.15)$$

em que ρ é a resistividade do material (Ω · m), ℓ é o comprimento do material (m) e A é a área do material (m²).

Chamamos *resistor* um componente que apresenta determinado valor de resistência.

1.8 Magnetismo

Para compreender como funcionam transformadores, motores e geradores elétricos, é preciso, inicialmente, compreender os efeitos do magnetismo. Além desses equipamentos, disjuntores, relés e algumas chaves automáticas utilizam campos magnéticos para sua operação.

Materiais magnéticos são aqueles que, quando colocados na presença de um campo magnético, tendem a se alinhar com este campo. Esse fenômeno é denominado *momento magnético*.

Figura 1.2
Comportamento magnético

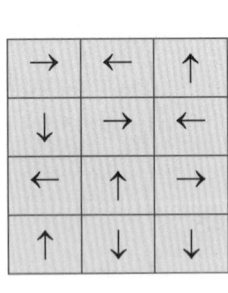
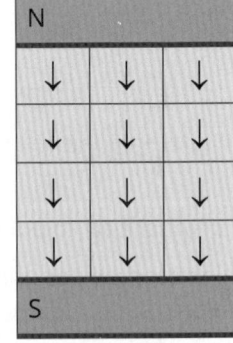

(a) Desmagnetizado (b) Magnetizado (c) Magnetizado ao contrário

Materiais magnéticos desmagnetizados apresentam domínios orientados ao acaso, tal como na Figura 1.2a. Quando os domínios se tornam alinhados por um campo magnético, os materiais são magnetizados, conforme Figura 1.2b ou 1.2c.

1.9 Campos magnéticos e linhas de força

Denominamos *campo magnético* o espaço dentro do qual é perceptível a força exercida por um ímã. Um polo magnético norte colocado em um ponto qualquer de um campo magnético fica sujeito à ação de uma força que tende a movê-lo em um sentido determinado. Um polo magnético sul, colocado no mesmo ponto, fica sujeito à ação de uma força que tende a movê-lo no sentido oposto. Em consequência, se uma pequena agulha magnética for colocada no campo de uma barra imantada isolada, conforme Figura 1.3, ela se alinhará na direção do campo, seu polo norte apontando no sentido do qual se moveria um polo norte livre.

Figura 1.3
Linhas de força magnética

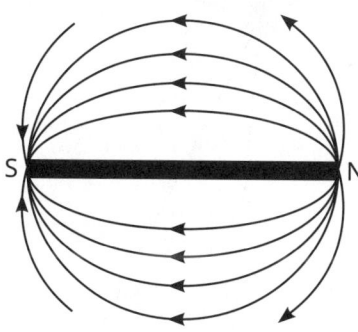

Se, portanto, movermos a agulha magnética de tal modo que o sentido de seu movimento seja sempre o sentido para o qual seu polo norte está apontando, sua trajetória será uma curva suave que termina no polo sul da barra. A curva pode ser completada quando a agulha retorna à sua posição inicial, movendo-se no sentido para o qual o polo sul da barra está apontando. Nesse caso, a trajetória termina no polo norte.

Uma linha traçada desse modo, de polo a polo de um ímã, denomina-se *linha de força magnética*. Repetindo esse processo para várias posições iniciais da agulha imantada, podemos obter a representação da Figura 1.3.

A intensidade de um campo magnético ou, simplesmente, *campo magnético*, em um ponto qualquer do espaço, define-se como a força que esse campo exerceria sobre um polo magnético colocado nesse ponto.

A Figura 1.4 demonstra, respectivamente: (a) o campo magnético entre os polos de um ímã; (b) o campo magnético produzido pela corrente em um condutor isolado; e (c) o campo resultante quando um condutor carregado é colocado entre os polos de um ímã.

Figura 1.4
Campo magnético

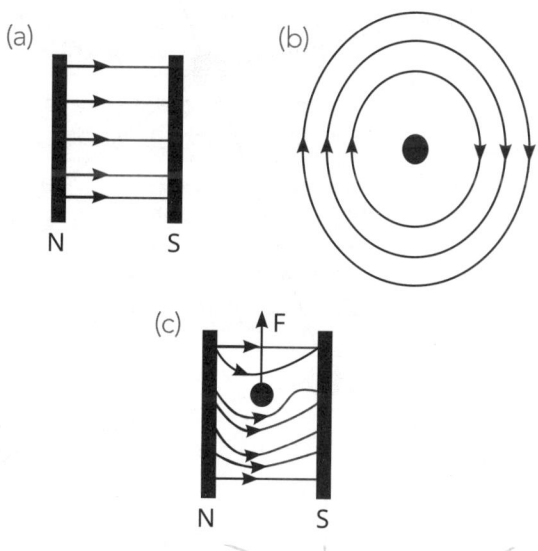

Conceitos fundamentais

1.10 Indução eletromagnética

Quando um condutor move-se em um campo magnético em direção tal que corte as linhas de força, gera-se ou induz-se no condutor uma força eletromotriz (f.e.m.).

A indução magnética de um campo em qualquer ponto é a medida do poder desse campo de produzir f.e.m. em um condutor que nele se move. A f.e.m. induzida no condutor é diretamente proporcional à sua velocidade

$$\varepsilon = B\ell v \tag{1.16}$$

em que ε é a f.e.m., dada em volt (V); B é a indução magnética do campo ou densidade de fluxo, dada em gauss (G); o produto ℓv é a área percorrida pelo condutor em 1 segundo. Assim, podemos afirmar que ε representa o fluxo cortado por segundo.

Síntese

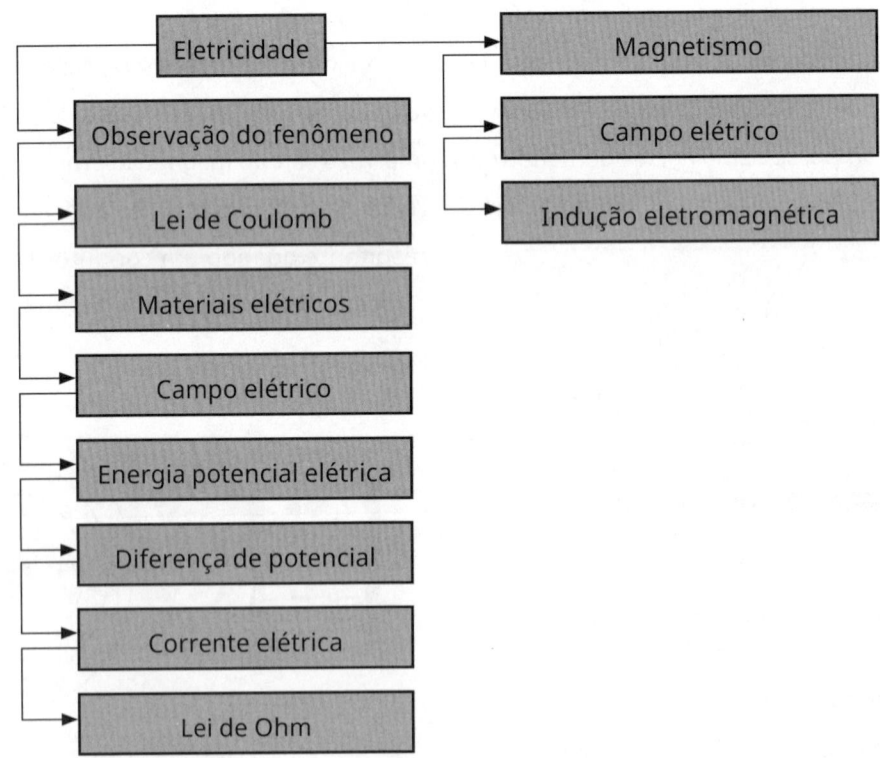

Questões para revisão

1. Complete a coluna à direita da tabela com as alternativas correspondentes às afirmações contidas na coluna à esquerda:

    I) Lei de Coulomb
    II) Diferença de potencial
    III) Resistência elétrica
    IV) Material semicondutor

Afirmações	Alternativas
É o impedimento que um material oferece à passagem da corrente quando a esse material se aplica uma ddp.	
Pode-se controlar o número de elétrons a fim de tornar esse material condutor perfeito ou isolante perfeito.	
A força elétrica exercida por um corpo carregado sobre outro depende diretamente do produto dos valores das duas cargas e, indiretamente, do quadrado da distância que os separa.	
É o trabalho realizado para mover uma partícula carregada entre dois pontos (a e b) em um campo elétrico.	

    Assinale a alternativa que apresenta a ordem correta de preenchimento da tabela:

    a) III, IV, II, I.
    b) II, I, IV, III.
    c) III, IV, I, II.
    d) IV, I, II, III.
    e) I, II, III, IV.

2. Leia as afirmativas a seguir e assinale V nas verdadeiras e F nas falsas:

    ( ) Se movermos uma agulha magnética de tal modo que o sentido de seu movimento seja sempre o sentido em que seu polo sul está apontando, sua trajetória será uma curva suave que termina no polo sul da barra.
    ( ) A interação de duas cargas pode ser descrita por meio do princípio da superposição.
    ( ) A linha de força magnética é traçada de polo a polo em um ímã.
    ( ) O sentido da corrente elétrica é o mesmo sentido do fluxo de elétrons.

    Assinale a alternativa que apresenta a sequência correta:

Conceitos fundamentais

a) F, V, V, F.
b) V, F, F, V.
c) F, F, F, V.
d) V, V, V, F.
e) V, F, V, F.

3. Considere as equações a seguir:

| $R = \dfrac{V}{I}$ | $E = k\dfrac{q}{r^2}$ | $F = k\dfrac{q_1 \cdot q_2}{r^2}$ | $\varepsilon = B\ell v$ |

Assinale a alternativa que apresenta a ordem em que as equações são apresentadas.

a) Lei de Coulomb, campo elétrico, Lei de Ohm, potencial elétrico.
b) Lei de Coulomb, campo elétrico, Lei de Ohm, força eletromotriz induzida.
c) Lei de Ohm, campo elétrico, Lei de Coulomb, força eletromotriz induzida.
d) Lei de Ohm, força eletromotriz induzida, Lei de Coulomb, campo elétrico.
e) Lei de Ohm, força eletromotriz induzida, Lei de Coulomb, potencial elétrico.

4. Determine a equação para a diferença de potencial de acordo com os requisitos a seguir:

a) Em função de q e r.
b) Em função do potencial elétrico.
c) Devido a n cargas pontuais.

5. Explique o comportamento físico dos materiais condutores, isolantes e magnéticos.

Questões para reflexão

1. Obtenha uma expressão para o potencial elétrico e para a diferença de potencial elétrico em função do campo elétrico.
2. Explique por que um campo magnético só pode exercer forças em cargas em movimento.

Para saber mais

O livro indicado a seguir pode ajudá-lo a compreender mais detalhes dos conceitos de eletromagnetismo abordados neste capítulo:

HAYT JR., W. H.; BUCK, J. A. **Eletromagnetismo**. 8. ed. Rio de Janeiro: McGraw-Hill, 2012.

2. Introdução aos circuitos elétricos

Conteúdos do capítulo:

- Elementos ativos.
- Elementos passivos.
- Circuito RLC série.
- Impedâncias e admitâncias.
- Potências.
- Correção de fator de potência.

Após o estudo deste capítulo, você será capaz de:

1. elencar os elementos de um circuito elétrico;
2. compreender os efeitos das tensões e correntes nos elementos de um circuito;
3. indicar o conceito de potência em corrente alternada;
4. perceber a importância do controle da potência reativa nas instalações industriais;
5. desenvolver cálculos para a correção do fator de potência em instalações industriais.

Introdução aos circuitos elétricos

Em análise de circuitos de corrente alternada, estamos interessados em determinar o comportamento das tensões (V) e correntes (I) nos elementos *resistor* (R), *indutor* (L) e *capacitor* (C).

Quando uma diferença de potencial é aplicada em um circuito, o elemento R oferece impedimento à passagem de corrente – efeito chamado de *resistência*.

Fisicamente, o elemento resistor é responsável pela dissipação de energia na forma de calor. Toda vez que uma corrente alternada percorre um resistor, acontece uma queda de tensão proporcional a essa corrente. A constante de proporcionalidade, R, é a resistência que é expressa em ohm (Ω). No resistor, a tensão instantânea é dada por:

$$v_R(t) = R \cdot i(t) \quad (2.1)$$

em que $v_R(t)$ e $i(t)$ representam, respectivamente, os valores instantâneos da tensão no resistor e da corrente que passa por ele.

2.1 Leis de Kirchhoff

Na análise de circuitos elétricos, devemos considerar duas leis que regem o comportamento de tensões e correntes: as Leis de Kirchhoff. Podemos enunciar essas leis da seguinte forma:

1. **Lei de Kirchhoff das Correntes (LKC)**: a soma das correntes que chegam a um nó é igual à soma das correntes que dele saem.

Figura 2.1
Representação da LKC

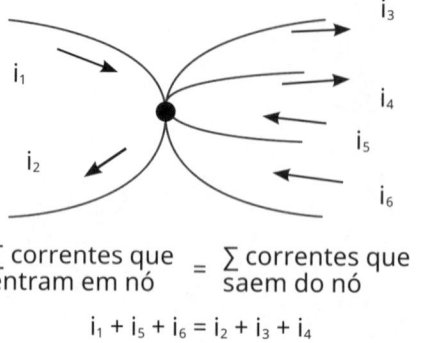

$\sum$ correntes que entram em nó $= \sum$ correntes que saem do nó

$i_1 + i_5 + i_6 = i_2 + i_3 + i_4$

2. **Lei de Kirchhoff das Tensões (LKV)**: a soma das elevações de tensão ao longo de qualquer circuito fechado é igual à soma das quedas de tensão nesse mesmo circuito.

Figura 2.2
Representação da LKV

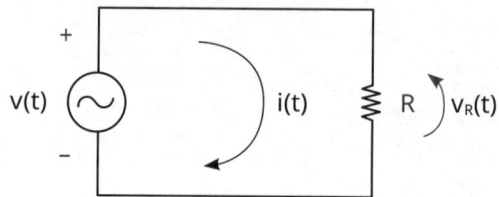

$\sum$ elevações de tensão $= \sum$ quedas de tensão

$v(t) = v_R(t)$

O próximo passo é conhecer alguns elementos básicos que compõem um circuito elétrico para que possamos dar início às análises de tensão e corrente utilizando as Leis de Kirchhoff.

2.2 Elementos ativos

São considerados elementos ativos de circuitos elétricos as fontes, as baterias e as pilhas. Caracterizam-se por fornecer energia para os outros elementos do circuito.

Devemos ressaltar que os elementos ativos podem se tornar passivos quando passam a receber energia. Por exemplo, uma bateria de celular é considerada elemento ativo quando alimenta o celular, porém, é considerada elemento passivo quando está conectada ao carregador.

Os elementos ativos podem ser de duas categorias: fonte de tensão contínua e fonte de tensão alternada.

2.2.1 Fonte de tensão contínua (CC)

As fontes CC apresentam um valor de tensão que não varia com o tempo. Nesse caso, temos:

$$v(t) = V \quad (2.2)$$

em que V é uma constante (valor eficaz da tensão), dada em volt (V).

A Figura 2.3 representa a tensão fornecida por uma fonte CC ao longo do tempo.

2.2.2 Fonte de tensão alternada (CA)

Uma tensão alternada é produzida em geradores CA ou alternadores. A denominação *CA* deve-se ao fato de a tensão induzida sofrer inversão a cada semiciclo, produzindo uma forma de onda alternada, a qual é dependente da velocidade angular do gerador, ω, dado em radianos por segundo (rad/s).

Esclarecemos que ω equivale à velocidade angular do enrolamento do gerador e mede quantos radianos ele se desloca em um segundo. O número de ciclos gerados durante um segundo corresponde à frequência f, dada em hertz (Hz).

A forma de onda da tensão alternada é dependente do valor da amplitude ou valor máximo (também chamada de *valor de pico*). O valor máximo (V_m) refere-se à amplitude máxima que a tensão atinge em um semiciclo (podendo ser positivo ou negativo).

A Figura 2.4 demonstra a simbologia adotada para fontes de alimentação CA.

Figura 2.3
Tensão contínua

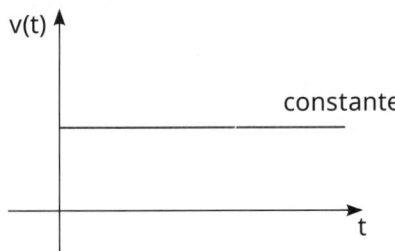

Figura 2.4
Fonte de alimentação CA

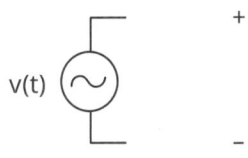

O comportamento da tensão alternada oscila de acordo com uma regra determinada, por exemplo, senoidal. Utilizando-se um osciloscópio, é possível visualizar a forma de onda de tensão alternada, conforme a Figura 2.5.

Figura 2.5
Forma de onda de tensão alternada senoidal

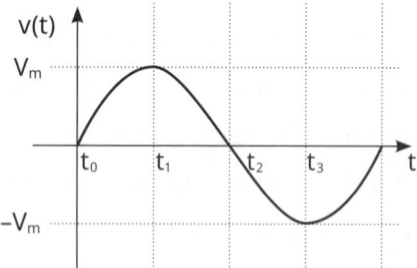

Nesse caso, a tensão instantânea pode ser assim expressa:

$$v(t) = V_m \cdot \text{sen } \omega t \qquad (2.3)$$

em que V_m é o valor máximo da tensão, ω é a velocidade angular, que é dada em radiano por segundo (rad/s); temos ainda que $\omega = 2\pi f$, em que f é a frequência, dada em hertz (Hz); por sua vez, o inverso da frequência é o período $T = 1/f$, em que T representa um ciclo completo de onda de tensão alternada senoidal e é dado em segundo (s).

Com o emprego de um equipamento denominado *voltímetro*, é possível medir o valor eficaz (V_{ef}), da tensão alternada. Este é considerado o mais importante do ponto de vista prático, pois corresponde ao valor efetivamente fornecido pela fonte. O valor eficaz (V_{ef}) de uma tensão alternada pode ser calculado com base no valor máximo, da seguinte forma:

$$V_{ef} = \frac{V_m}{\sqrt{2}} \qquad (2.4)$$

2.3 Análise de circuitos R, L e C

Explicaremos separadamente o que são os circuitos puramente resistivo, puramente indutivo e puramente capacitivo.

2.3.1 Circuito puramente resistivo

No Capítulo 1, tratamos do conceito de resistência. Aqui, o resistor considerado apresenta um comportamento ôhmico resistivo e não reativo, pois não depende da velocidade angular (ω). A Figura 2.6 representa um circuito puramente resistivo com alimentação alternada.

Figura 2.6
Circuito puramente resistivo

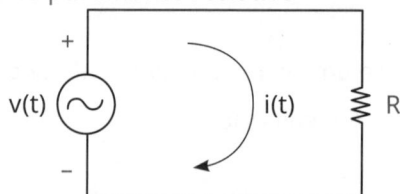

Se $v(t) = V_m \cdot \text{sen } \omega t$, a corrente instantânea que circula através do resistor é:

$$i(t) = \frac{V_m}{R} \cdot \text{sen } \omega t \qquad (2.5)$$
ou
$$i(t) = I_m \cdot \text{sen } \omega t$$

Outra possibilidade é escrever a expressão em termos de valor máximo:

$$I_m = \frac{V_m}{R} \quad (2.6)$$

Utilizando o valor eficaz, pode-se escrever a corrente com as expressões a seguir:

$$\sqrt{2}I_{ef} = \sqrt{2}\frac{V_{ef}}{R} \text{ ou } I = \frac{V}{R} \quad (2.7)$$

em que I e V são fasores.

Outras formas possíveis são:

$$I = I_{ef} \angle \varphi_i \text{ ou } V = V_{ef} \angle \varphi_v \quad (2.8)$$

em que I_{ef} e V_{ef} são os módulos da corrente e tensão, respectivamente; e φ_i e φ_v representam os ângulos de fase da corrente e da tensão, respectivamente.

Em circuitos puramente resistivos, a tensão e a corrente estão em fase, logo $\varphi_v - \varphi_i = 0$ ou $\varphi_v = \varphi_i$. A expressão *em fase* significa que, a partir de uma mesma referência, as formas de onda da tensão e corrente iniciam-se ao mesmo tempo e completam um ciclo também de forma concomitante, e assim sucessivamente. A defasagem entre tensões e correntes alternadas pode ser analisada por meio da representação senoidal ou do diagrama fasorial.

a. **Representação senoidal**

Os valores instantâneos da tensão, v(t), e da corrente, i(t), para um circuito puramente resistivo podem ser obtidos pela representação senoidal da Figura 2.7.

Figura 2.7
Representação senoidal de tensão e de corrente em circuito puramente resistivo

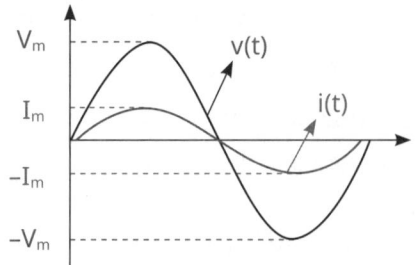

b. **Representação fasorial**

Na representação fasorial, as tensões e correntes são representadas por seus respectivos módulos (valores eficazes) e informações a respeito de sua fase inicial e sentido de rotação. O diagrama fasorial de um circuito puramente resistivo pode ser representado conforme a Figura 2.8.

Figura 2.8
Diagrama fasorial de tensão e de corrente em circuito puramente resistivo

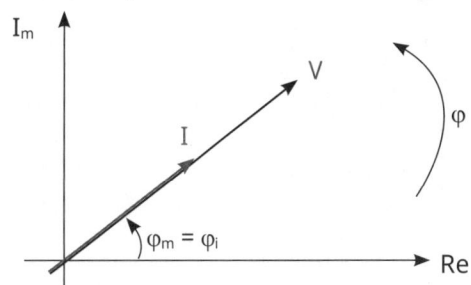

Como podemos verificar na Figura 2.8, tensão e corrente estão em fase, bem como seus respectivos ângulos.

2.3.2 Circuito puramente indutivo

No circuito puramente indutivo, a resistência do indutor é desprezada (indutor ideal). Em corrente alternada, o indutor apresenta comportamento reativo, pois depende da velocidade angular (ω).

Figura 2.9
Circuito puramente indutivo

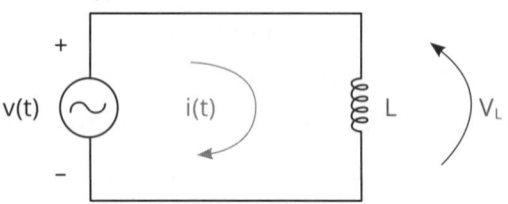

A queda de tensão no indutor é dada por $v_L(t) = L \dfrac{d_i(t)}{d_t}$, sendo que $i(t) = I_m \cdot \text{sen } \omega t$. Assim, podemos deduzir as equações a seguir:

$$v_L = L \cdot \frac{d}{dt} \cdot (I_m \text{ sen } \omega t) \qquad (2.9)$$

$$v_L = L I_m \cdot \frac{d}{dt} \cdot (\text{sen } \omega t) \qquad (2.10)$$

$$v_L = \omega L I_m \cdot (\cos \omega t) \qquad (2.11)$$

Na forma senoidal:

$$v_L(t) = \omega L I_m \cdot \text{sen } (\omega t + 90°) \qquad (2.12)$$

O ângulo φ mede a defasagem entre o ângulo de fase da tensão o ângulo de fase da corrente, dado por $\varphi = \varphi_v - \varphi_i$, é $\varphi = 90°$. Nesse caso, dizemos que a corrente está 90° atrasada em relação à tensão.

Para um circuito puramente indutivo, os fasores tensão e corrente, $V = V_{ef} \angle \varphi_v$ e $I = I_{ef} \angle \varphi_i$, podem ser obtidos por meio de seus respectivos valores máximos, ou seja:

$$V = \frac{V_m}{\sqrt{2}} \angle 90° \quad \text{e} \quad I = \frac{I_m}{\sqrt{2}} \angle 0° \qquad (2.13)$$

As tensões e corrente também podem ser dadas em termos de valor eficaz:

$$V = V \angle 90° \quad \text{e} \quad I = I \angle 0° \qquad (2.14)$$

a. **Representação senoidal**

Os valores instantâneos da tensão (v(t)) e da corrente (i(t)) podem ser obtidos pela representação senoidal. A representação senoidal das ondas de tensão e corrente para um circuito puramente indutivo pode ser visto na Figura 2.10.

Figura 2.10
Representação senoidal de tensão e corrente em circuito puramente indutivo

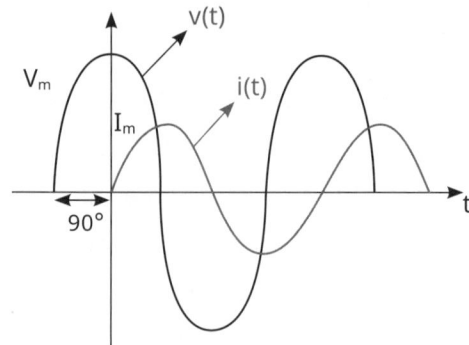

b. **Representação fasorial**

Podemos obter o diagrama fasorial de um circuito puramente indutivo conforme a Figura 2.11.

Figura 2.11
Diagrama fasorial de tensão e de corrente em circuito puramente indutivo

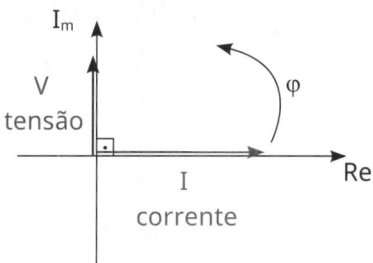

2.3.3 Circuito puramente capacitivo

Podemos representar um circuito puramente capacitivo conforme a Figura 2.12.

Figura 2.12
Circuito puramente capacitivo

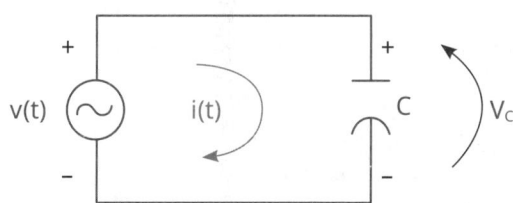

Na Figura 2.12, a queda de tensão no capacitor é dada por:

$$v_C = \frac{1}{C} \cdot \int i(t) \cdot dt \tag{2.15}$$

$$v_C = \frac{1}{C} \cdot \int I_m \cdot \operatorname{sen} \omega t \cdot dt \tag{2.16}$$

$$v_C = \frac{I_m}{\omega C} \cdot (-\cos \omega t) \tag{2.17}$$

Podemos representar também na forma senoidal:

$$v_C = \frac{I_m}{\omega C} \cdot \operatorname{sen}(\omega t - 90°) \tag{2.18}$$

ou

$$v_C(t) = V_m \cdot \operatorname{sen}(\omega t - 90°) \tag{2.19}$$

Nesse caso, o ângulo de defasagem ($\varphi = \varphi_v - \varphi_i$) entre a tensão e a corrente é $\varphi = -90°$. Então, dizemos que a corrente está **adiantada** 90° em relação à tensão.

Para um circuito puramente capacitivo, os fasores tensão e corrente, $V = V_{ef} \angle \varphi_v$ e $I = I_{ef} \angle \varphi_i$, podem ser obtidos por meio de seus respectivos valores máximos, ou seja:

$$V = \frac{V_m}{\sqrt{2}} \angle -90° \quad \text{e} \quad I = \frac{I_m}{\sqrt{2}} \angle 0° \tag{2.20}$$

Em termos de valor eficaz, resulta:

$$V = V \angle -90° \quad \text{e} \quad I = I \angle 0° \tag{2.21}$$

a. **Representação senoidal**

A Figura 2.13 representa as ondas de tensão e de corrente para um circuito puramente capacitivo. Os valores instantâneos da tensão ($v(t)$) e da corrente ($i(t)$) podem ser obtidos com a representação senoidal.

Figura 2.13
Representação senoidal de tensão e de corrente em circuito puramente capacitivo

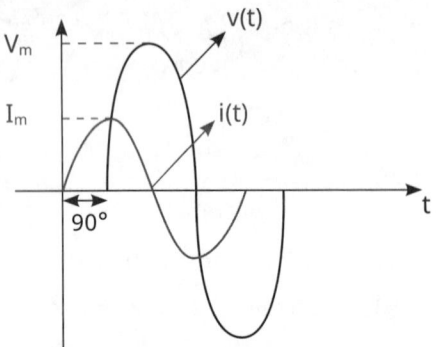

b. **Representação fasorial**

O diagrama fasorial de um circuito puramente indutivo pode ser representado conforme a Figura 2.14.

Figura 2.14
Representação fasorial de tensão e de corrente em circuito puramente capacitivo

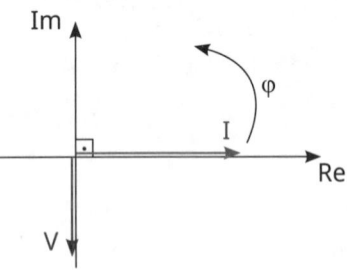

Como pode ser visto na Figura 2.14, a corrente está adiantada em relação à tensão.

2.4 Circuito RLC série

Após termos tratado dos comportamentos de tensões e correntes em circuitos puramente resistivo, puramente indutivo e puramente capacitivo, analisaremos o que ocorre com a tensão e a corrente quando ligamos em série um resistor, um indutor e um capacitor. A Figura 2.15 representa um circuito RLC série.

Figura 2.15
Circuito RLC série

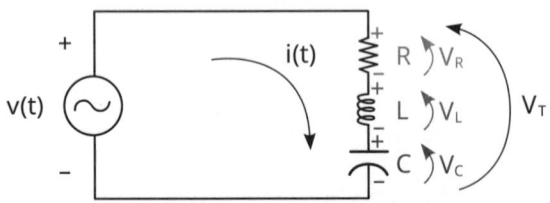

Na Figura 2.15, a corrente que percorre o circuito é dada por:

$$i(t) = I_m \operatorname{sen} \omega t \qquad (2.22)$$

Aplicando a Lei de Kirchhoff das Tensões (LKV), a queda de tensão total nos elementos R, L e C deve ser igual à queda de tensão em cada um dos elementos. Assim, temos:

$$v_T = v_R + v_L + v_C \qquad (2.23)$$

em que $v_R = R \cdot I_m \cdot \operatorname{sen} \omega t$; $v_L = L \cdot \dfrac{d}{dt} \cdot (I_m \cdot \operatorname{sen} \omega t)$ e $v_C = \dfrac{1}{C} \cdot \int I_m \cdot \operatorname{sen} \omega t \cdot dt$.

Ao reescrever a Equação 2.23, obtemos:

$$v_T = R \cdot I_m \cdot \operatorname{sen} \omega t + L \cdot \dfrac{d}{dt} \cdot (I_m \cdot \operatorname{sen} \omega t) + \qquad (2.24)$$
$$+ \dfrac{1}{C} \cdot \int I_m \cdot \operatorname{sen} \omega t \cdot dt$$

Simplificando:

$$v_T = R \cdot I_m \cdot \text{sen } \omega t + \omega L \cdot I_m \cdot \cos \omega t - \frac{I_m}{\omega C} \cdot \cos \omega t \quad (2.25)$$

ou

$$v_T = R \cdot I_m \cdot \text{sen } \omega t + \left(\omega L - \frac{1}{\omega C}\right) \cdot I_m \cdot \cos \omega t \quad (2.26)$$

Desse modo, obtivemos equações para v_T em função de sen ωt e cos ωt. No entanto, é desejável que essa expressão seja puramente senoidal, do tipo:

$$v_T = V_m \cdot \text{sen}(\omega t + \varphi) \quad (2.27)$$

Vemos que a Equação 2.27 apresenta duas incógnitas: o ângulo φ e a tensão V_m. Se utilizarmos alguns recursos matemáticos, podemos reescrever do seguinte modo:

$$v_T = V_m \cdot \text{sen } \omega t \cdot \cos \varphi + V_m \cdot \text{sen } \varphi \cdot \cos \omega t \quad (2.28)$$

Se igualarmos as Equações 2.26 e 2.28, temos:

$$R \cdot I_m \cdot \text{sen } \omega t + (\omega L - \frac{1}{\omega C}) \cdot I_m \cdot \cos \omega t = \\ = V_m \cdot \text{sen } \omega t \cdot \cos \varphi + V_m \cdot \text{sen } \varphi \cdot \cos \omega t \quad (2.29)$$

Igualando os termos com sen ωt e cos ωt, respectivamente, obtemos:

$$\begin{cases} R \cdot I_m = V_m \cdot \cos \varphi \\ (\omega L - \frac{1}{\omega C}) \cdot I_m = V_m \cdot \text{sen } \varphi \end{cases} \text{ou} \begin{cases} \cos \varphi = \frac{R \cdot I_m}{V_m} \\ \text{sen } \varphi = \frac{(\omega L - \frac{1}{\omega C}) \cdot I_m}{V_m} \end{cases} \quad (2.30)$$

Da Equação 2.30, podemos obter a seguinte relação:

$$\text{tg } \varphi = \frac{\text{sen } \varphi}{\cos \varphi} = \\ = \frac{\left(\omega L - \frac{1}{\omega C}\right)\frac{I_m}{V_m}}{\frac{R \cdot I_m}{V_m}} = \frac{\left(\omega L - \frac{1}{\omega C}\right)}{R} \quad (2.31)$$

O ângulo de defasagem entre a tensão e a corrente (φ) pode ser obtido por:

$$\varphi = \text{arctg}\left(\frac{\omega L - \frac{1}{\omega C}}{R}\right) \quad (2.32)$$

Assim, temos o triângulo de impedâncias, representado na Figura 2.16.

Figura 2.16
Triângulo de impedâncias

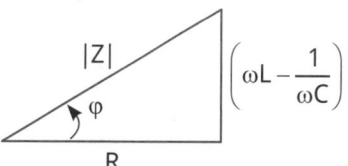

Com o triângulo de impedâncias, podemos determinar a hipotenusa do triângulo que representa o módulo da impedância.

$$|Z| = \sqrt{R^2 + \left(\omega L - \frac{1}{\omega C}\right)^2} \quad (2.33)$$

Conseguimos determinar V_m da equação $V_m = \dfrac{R \cdot I_m}{\cos \varphi}$, considerando que $\cos \varphi$ do triângulo é:

$$\cos \varphi = \frac{R}{|Z|} = \frac{R}{\sqrt{R^2 + \left(\omega L - \frac{1}{\omega C}\right)^2}} \quad (2.34)$$

Assim, se substituirmos a Equação 2.34 na expressão de V_m, obtemos:

$$V_m = \frac{RI_m}{\dfrac{R}{\sqrt{R^2 + \left(\omega L - \frac{1}{\omega C}\right)^2}}} = I_m \sqrt{R^2 + \left(\omega L - \frac{1}{\omega C}\right)^2} \quad (2.35)$$

Outro resultado possível seria, simplesmente:

$$V_m = I_m \, |Z| \quad (2.36)$$

Substituindo V_m e φ na equação $v_T = V_m \operatorname{sen}(\omega t + \varphi)$, temos:

$$v_T = I_m \cdot \sqrt{R^2 + \left(\omega L - \frac{1}{\omega C}\right)^2} \operatorname{sen}\left[\omega t + \operatorname{arctg}\left(\frac{\omega L - \frac{1}{\omega C}}{R}\right)\right] \quad (2.37)$$

Da Equação 2.37, é possível extrair informações importantes:

- **Primeiro caso**: $\omega L > \dfrac{1}{\omega C}$ → o circuito é predominantemente indutivo e a corrente está atrasada em relação à tensão.
- **Segundo caso**: $\dfrac{1}{\omega C} > \omega L$ → o circuito é capacitivo e a corrente está adiantada em relação à tensão.
- **Terceiro caso**: $\omega L = \dfrac{1}{\omega C}$ → a corrente está em fase com a tensão.

O terceiro caso equivale à ressonância, ou seja, existe uma frequência, f_0, na qual a parte reativa da impedância é nula. Na ressonância, temos:

$$\omega L = \frac{1}{\omega C} \rightarrow \quad (2.38)$$

$$2 \cdot \pi \cdot f_0 \cdot L = \frac{1}{2 \cdot \pi \cdot f_0 \cdot C} \rightarrow$$

$$(2 \cdot \pi \cdot f_0)^2 = \frac{1}{LC} \rightarrow$$

$$f_0 = \frac{1}{2 \cdot \pi \cdot \sqrt{LC}}$$

2.5 Impedâncias e admitâncias

Impedância é um número complexo cujo módulo é dado por:

$$|Z| = \sqrt{R^2 + \left(\omega L - \frac{1}{\omega C}\right)^2} \quad (2.39)$$

A impedância pode ser escrita na forma retangular:

$$Z = R \pm jX \quad (2.40)$$

em que R é a **resistência** e representa a parte real da impedância; X é a **reatância equivalente**, dada por $X = X_L - X_C = \omega L - \frac{1}{\omega C}$, e representa a parte imaginária da impedância.

A impedância também pode ser obtida da relação entre os fasores tensão e corrente:

$$Z = \frac{V \angle \varphi_v}{I \angle \varphi_i} = |Z| \angle \varphi_v - \varphi_i = |Z| \angle \varphi \quad (2.41)$$

em que φ é o ângulo de defasagem entre V e I, Z é dada em ohm (Ω).

Vale lembrar que Z é um número complexo, entretanto, não é um fasor, já que não representa funções senoidais.

A Tabela 2.1 demonstra a impedância dos elementos passivos.

Tabela 2.1
Impedância dos elementos passivos

Elemento	Impedância
R	$Z = R$
L	$Z = jX_L = j\omega L = \omega L \angle 90°$
C	$Z = jX_C = 1/j\omega C = 1/\omega C \angle -90°$

Quando impedâncias $Z_1, Z_2, ..., Z_n$ são ligadas em série, podemos utilizar a LKV para obter a impedância equivalente (Z_{eq}):

$$Z_{eq} = Z_1 + Z_2 + ... + Z_n \quad (2.42)$$

Normalmente, a impedância é escrita na forma retangular e a impedância equivalente é obtida somando-se as partes reais e imaginárias separadamente.

A **admitância** (Y) é o inverso da impedância:

$$Y = \frac{1}{Z} \text{ então } Y_{eq} = \frac{1}{Z_{eq}} \quad (2.43)$$

sendo Y um número complexo, cuja unidade é em siemens (S).

Podemos representar a admitância na forma retangular:

$$Y = G + jB \quad (2.44)$$

sendo G e B, respectivamente, **condutância** e **susceptância**.

Em virtude da relação entre Y e Z, é possível expressar os componentes de uma grandeza em função dos componentes da outra:

$$G = \frac{R}{R^2 + X^2} \quad (2.45)$$

$$B = \frac{-X}{R^2 + X^2}$$

$$R = \frac{G}{G^2 + B^2}$$

$$X = \frac{-B}{G^2 + B^2}$$

Na forma polar, a admitância pode ser calculada conforme a Equação 2.46:

$$Y = \frac{I}{V} = Y \angle \varphi_y \quad (2.46)$$

em que φ_y é o ângulo da admitância, $\varphi_y = \varphi_i - \varphi_v$.

A Tabela 2.2 demonstra as admitâncias dos elementos passivos.

Tabela 2.2
Admitâncias dos elementos passivos

Elemento	Impedância
R	$Y = 1/R = G$
L	$Y = 1/jX_L = 1/\omega L \angle -90°$
C	$Y = j\omega C = \omega C \angle 90°$

Agora que já abordamos os conceitos de impedância, trataremos do tema das potências instantânea, ativa, reativa e aparente.

2.6 Potência

Versaremos, nesta seção, sobre a importância do controle da potência reativa em indústrias por meio da correção do fator de potência. Para isso, trataremos, inicialmente, das potências instantânea, ativa, reativa, aparente e complexa.

2.6.1 Potência instantânea

A potência instantânea é o produto da tensão instantânea e da corrente instantânea, conforme a Equação 2.47:

$$p(t) = v(t) \cdot i(t) \quad (2.47)$$

em que v(t) e i(t) são valores instantâneos.

Conforme comentamos anteriormente, quando uma fonte de tensão alternada é conectada a uma impedância, ocorre uma queda de tensão que pode estar em fase adiantada ou atrasada em relação à corrente do circuito.

A potência instantânea pode assumir valores positivos e negativos, dependendo do instante considerado. No entanto, um valor positivo de p(t) significa que uma fonte de tensão alternada está fornecendo energia para um circuito, ao passo que um valor negativo indica que a energia flui do circuito para a fonte.

Se, na Equação 2.47, v(t) e i(t) forem positivos, o valor de p(t) será positivo, ou seja, a energia será fornecida pela fonte. Caso v(t) e i(t) tenham sinais contrários, p(t) será negativa, o que significa que energia retornará para a fonte.

2.6.2 Potência ativa

A potência ativa, (P), é também chamada de *potência média*, *potência útil* ou *potência real*. P é obtida pela expressão:

$$P = V \cdot I \cdot \cos \varphi \quad (2.48)$$

em que V e I representam o valor eficaz de tensão e de corrente, respectivamente; $\cos \varphi$ é o fator de potência; a unidade de P é dada em watt (W).

A potência ativa é a componente da potência total que é convertida em calor por efeito Joule. P é a energia dissipada na parte resistiva da impedância. O fator de potência é dado por $\cos \varphi$ e φ corresponde ao ângulo de defasagem entre V e I, podendo assumir valores entre $-90°$ e $+90°$. Logo, $\cos \varphi$ e, consequentemente, P serão sempre positivos.

Para indicar o sinal de φ em um circuito indutivo, dizemos que o circuito tem fator de potência atrasado. Para indicar o sinal de φ em circuitos capacitivos, dizemos que tem fator de potência adiantado.

2.6.3 Potência reativa

A potência total, além da potência ativa, possui uma parcela chamada *potência reativa*. A potência reativa (Q) é dada pela expressão:

$$Q = V \cdot I \cdot \operatorname{sen} \varphi \quad (2.49)$$

sendo que V e I representam o valor eficaz de tensão e de corrente, respectivamente; $\operatorname{sen} \varphi$ é o fator reativo; a unidade de Q é dada em var.

A potência reativa é a parcela da potência total na qual energia é armazenada pela reatância; é também chamada de *potência magnetizante*, pois é necessária ao funcionamento dos motores, transformadores e dispositivos magnéticos em geral. A determinação da potência reativa total (Q_T) é alcançada pela soma algébrica das potências reativas indutivas e capacitivas ao longo do circuito.

No caso da reatância indutiva, o ângulo φ é positivo. Isso significa que a corrente está atrasada em relação à tensão, o que ocasiona um atraso no armazenamento de energia. Logo, a potência reativa indutiva é negativa (significa perdas).

Contudo, se a reatância é capacitiva, o ângulo φ é negativo, e a corrente está, portanto, adiantada em relação à tensão, causando um armazenamento positivo de energia. Logo, a potência reativa capacitiva é positiva.

2.6.4 Potência aparente

A potência aparente (S) é também chamada de *potência total* e é obtida por:

$$S = V \cdot I \quad (2.50)$$

em que V e I representam o valor eficaz de tensão e de corrente, respectivamente; a unidade de S é dada em volt-ampère (VA).

A potência aparente é formada pela potência ativa e pela potência reativa e pode ser obtida pela Equação 2.51:

$$S = \sqrt{P^2 + Q^2} \quad (2.51)$$

2.6.5 Potência complexa

Para obtermos, simultaneamente, os valores da potência ativa, reativa e aparente, podemos fazer uso da potência complexa ($\mathbb{S}$), conforme a Equação 2.52.

$$\mathbb{S} = V \cdot I^* \qquad (2.52)$$

sendo V o fasor tensão e I^* o conjugado do fasor I. O conjugado de I significa que, se $I = I \angle \varphi_i$, então $I^* = I \angle -\varphi_i$, ou vice-versa.

Substituindo os fasores tensão e corrente na Equação 2.52, temos:

$$\mathbb{S} = (V \angle \varphi_v)(I \angle -\varphi_i) \qquad (2.53)$$

ou

$$\mathbb{S} = V\,I \angle \varphi_v - \varphi_i \qquad (2.54)$$

Da Equação 2.54 podemos extrair informações importantes a respeito do valor da potência aparente e do fator de potência. Temos que o módulo da potência complexa é o produto VI, que, por sua vez, é a própria potência aparente, (S), e o ângulo φ é o ângulo do fator de potência. Portanto, podemos simplificar a Equação 2.54 da seguinte forma:

$$\mathbb{S} = S \angle \pm \varphi \qquad (2.55)$$

Mas ainda há a equivalente representação para a Equação 2.55 na forma retangular. Podemos obtê-la por meios matemáticos ou diretamente com o auxílio de calculadoras científicas. A Equação 2.56 é a representação da potência complexa na forma retangular.

$$\mathbb{S} = P \pm jQ \qquad (2.56)$$

Informações importantes podem ser extraídas da Equação 2.56, como o valor da potência ativa (P) e o valor da potência reativa (Q).

2.6.6 Triângulo de potências

Se pensarmos nas três potências (ativa, reativa e aparente) como os três lados de um triângulo e associarmos cada uma delas aos respectivos elementos de um triângulo de impedâncias, temos que:

- a potência ativa no triângulo de potências está para a resistência no triângulo de impedâncias;
- a potência reativa no triângulo de potências está para a reatância no triângulo de impedâncias;
- a potência aparente no triângulo de potências está para o módulo da impedância no triângulo de impedâncias.

Para ficar mais claro, colocamos os triângulos de impedâncias e de potências na sequência.

Figura 2.17
Triângulo de impedâncias

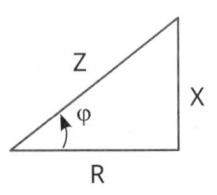

sendo que $Z = |Z| \angle \varphi$ ou $Z = R \pm jX$

Figura 2.18
Triângulo de potências

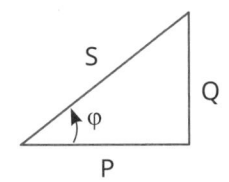

sendo que $\tilde{S} = S \angle \pm \varphi$ ou $S = P \pm jQ$

Após estudarmos o comportamento das potências, prosseguiremos com o fator de potência, abordando como ele se manifesta, quais as consequências quando ele apresenta um baixo valor e como é possível elevar seu valor, visando à otimização do sistema elétrico.

2.7 Correção de fator de potência

O fator de potência fp é definido como a relação entre a potência ativa e a potência aparente consumidas por um dispositivo ou um equipamento, conforme descreve a Equação 2.57:

$$fp = \frac{P}{S} \quad (2.57)$$

sendo que P é dado em quilowatt (kw) e S é dado em quilovolt-ampère (kVA).

Conforme explicamos anteriormente, a potência aparente ou potência total (S) solicitada por um aparelho elétrico indutivo (motor, transformador, reator, contator etc.) em corrente alternada é composta pela potência ativa (P) e pela potência reativa (Q) dada em quilovar (kvar). A potência ativa é aquela que efetivamente produz trabalho útil, que faz girar as máquinas, transfere potência etc. Já a potência reativa é utilizada para produzir o fluxo magnético necessário ao funcionamento dos motores, transformadores e outros dispositivos eletromagnéticos.

Assim, uma vez que é limitado o valor de potência aparente nas linhas de transmissão, nos transformadores e nos geradores, faz-se necessário controlar ou reduzir a energia reativa.

Nos sistemas elétricos industriais, o melhoramento do fp é necessário por duas razões. A primeira diz respeito à sobretaxação nas contas de energia elétrica dos consumidores que operam em baixo fp; consiste de uma penalização imposta pelas concessionárias e que consta dos contratos de fornecimento de energia. A outra razão é que a concessionária consegue aumentar ou liberar mais capacidade do sistema de distribuição de energia quando há elevação do valor do fp.

2.7.1 Necessidade de controlar e corrigir o baixo fator de potência

O excesso de energia reativa é prejudicial ao sistema elétrico, seja o reativo indutivo consumido pela unidade consumidora, seja o reativo capacitivo fornecido à rede pelos capacitores dessa unidade.

Assim, resulta um controle de energia reativa tal que o fator de potência da unidade consumidora permanece dentro de uma faixa de fator de potência indutivo e capacitivo. Quando são instalados capacitores para a correção, eles devem ser desligados conforme são desligadas as cargas indutivas, de forma a manter equilibrada a compensação indutivo-capacitivo. O fp deve ser controlado de forma que seja mantido dentro do limite 0,92 capacitivo a 0,92 indutivo. Esse limite é determinado pelo art. 5 da Resolução Normativa n. 414, de 9 de setembro de 2010, da Agência Nacional de Energia Elétrica (Aneel, 2010).

2.7.2 Correção com capacitores

Antes da correção, ocorre uma alta potência reativa indutiva. O triângulo formado pelas potências antes da correção é obtido por: $S_A = P_A + jQ_A$.

Figura 2.19
Triângulo de potências antes da correção

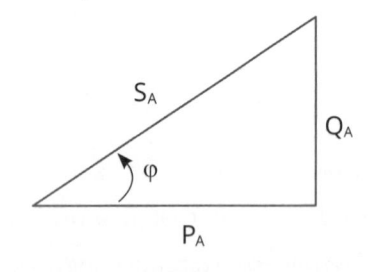

Após a correção, podemos obter um triângulo de potências formado pela mesma potência ativa, por uma potência reativa corrigida e, consequentemente, uma potência aparente corrigida. O novo triângulo de potências é dado por $S_B = P_B + jQ_B$.

Figura 2.20
Triângulo de potências corrigidas

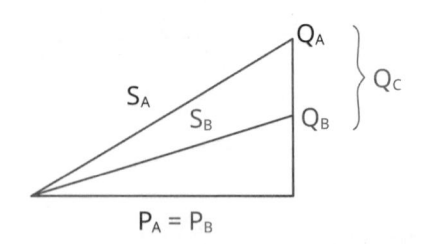

Para obtermos o valor da potência reativa final (Q_B), parte da potência reativa inicial (Q_A) deve ser corrigida. Portanto:

$$Q_C = Q_A - Q_B \qquad (2.58)$$

em que Q_C é a potência reativa corrigida.

O valor do capacitor necessário para corrigir a potência reativa de Q_A para Q_B pode ser assim calculado:

$$C = \frac{Q_C}{2 \cdot \pi \cdot f \cdot V^2} \quad \text{ou} \quad C = \frac{Q_C}{\omega V^2} \qquad (2.59)$$

Os capacitores podem ser instalados em paralelo com qualquer carga a fim de alterar a característica desta, que pode ser um simples motor ou uma grande indústria. Essa instalação pode ser feita na entrada, equilibrando a corrente magnetizante do sistema supridor ou, então, perto das cargas para diminuir as perdas, aumentar a capacidade disponível do sistema e melhorar os níveis de tensão.

Muitos fatores influenciam a escolha da localização dos capacitores, como: circuitos da instalação, variações de carga, tipo de motores etc. Os capacitores podem ser localizados conforme os dois tipos de correção apresentados a seguir.

1. Correção localizada:
   - nos alimentadores principais;
   - nos circuitos para motores;
   - ao lado dos motores ou grupo de motores;
2. Correção por grupos:
   - no primário do transformador;
   - no secundário do transformador;
   - em uma divisão da indústria.

Na correção por grupos, é necessário que os capacitores (ou banco de capacitores) sejam dotados de dispositivos de proteção e manobra, como chaves e fusíveis. Outro fator importante é a carga apresentar um mínimo de uniformidade para que a correção por grupo seja eficiente. Os capacitores devem ser instalados o mais perto possível das cargas ou nas extremidades dos circuitos alimentadores devido a: redução das perdas nos circuitos entre as cargas e o ponto de medição; elevação da tensão perto da carga; e liberação da capacidade dos transformadores.

Síntese

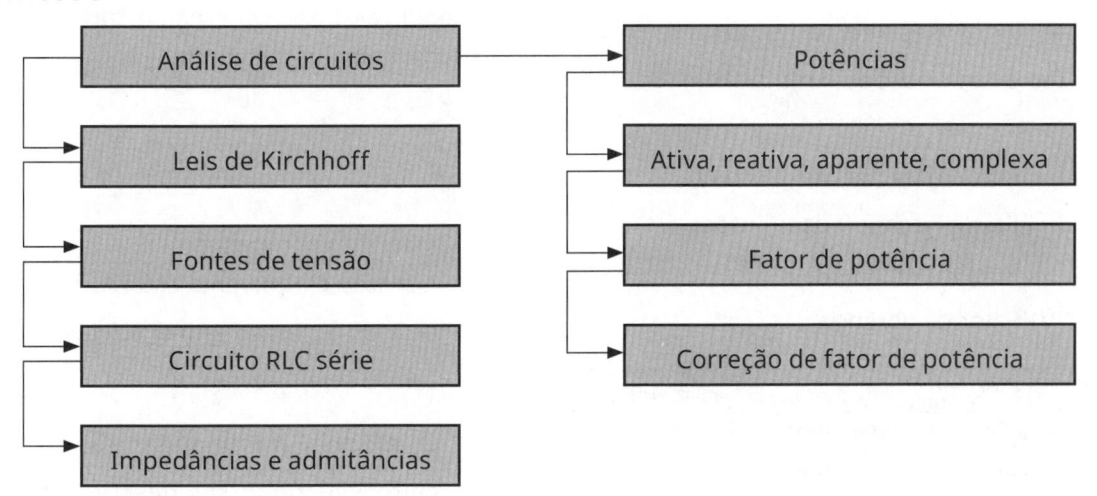

- Análise de circuitos
  - Leis de Kirchhoff
  - Fontes de tensão
  - Circuito RLC série
  - Impedâncias e admitâncias
- Potências
  - Ativa, reativa, aparente, complexa
  - Fator de potência
  - Correção de fator de potência

Questões para revisão

1. Considere as afirmativas a seguir e assinale V nas verdadeiras e F nas falsas:
   ( ) Uma instalação cuja demanda média calculada foi 750 kVA tem um *fp* 0,85. Desejando-se corrigi-lo para 0,92, devemos calcular o valor de capacitores (banco de capacitores) que podem ser instalados em paralelo com a carga.
   ( ) A potência ativa é a componente da potência total que é convertida em calor por efeito Joule.
   ( ) Em um circuito puramente capacitivo, a corrente está atrasada 90° em relação à tensão.

Introdução aos circuitos elétricos

( ) A potência instantânea pode assumir apenas valores positivos.

( ) X é a reatância equivalente dada por $X = X_L - X_C = \omega L - \frac{1}{\omega C}$ e representa a parte imaginária da impedância.

Marque a alternativa que apresenta a sequência correta:

a) F, V, F, F, V.
b) V, V, F, F, V.
c) F, F, V, V, V.
d) V, V, F, V, F.
e) V, V, F, F, F.

2. Complete a coluna à direita da tabela a seguir com as alternativas correspondentes às afirmações contidas na coluna à esquerda.

I) Lei de Kirchhoff das Correntes
II) Lei de Kirchhoff das Tensões
III) Reatância capacitiva
IV) Fator de potência

Afirmações	Alternativas
A elevação de potência em um circuito fechado é igual à somatória das quedas de tensão nos elementos do circuito.	
É a relação entre a potência ativa e a potência aparente consumidas por um dispositivo ou um equipamento.	
O ângulo φ é negativo, tal que a corrente está adiantada em relação à tensão, causando armazenamento positivo de energia.	
A somatória das correntes que chegam a um nó é igual à somatória das correntes que dele saem.	

Assinale a alternativa que apresenta a ordem correta da coluna à direita:

a) II, IV, III, I.
b) III, IV, I, II.
c) I, II, IV, III.
d) IV, II, I, III.
e) II, I, IV, III.

3. Considerando o circuito RLC série da figura a seguir, assinale a alternativa **incorreta**:

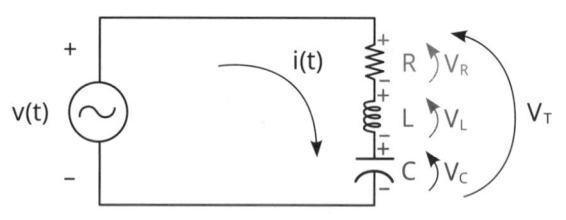

a) A tensão e a corrente estarão em fase quando o circuito estiver em ressonância, ou seja, $\omega L - \frac{1}{\omega C}$.

b) O módulo da impedância do circuito RLC pode ser descrito como: $|Z| = \sqrt{R^2 + \left(X_L - \frac{1}{X_C}\right)^2}$

c) A queda de tensão total na impedância é a soma das quedas de tensão em R, L e C.

d) A reatância capacitiva é dada por $X_C = \frac{1}{\omega C} = \frac{1}{2 \cdot \pi \cdot f C}$.

e) A reatância equivalente é dada por: $X = X_L - X_C = \omega L - \frac{1}{\omega C}$.

4. Dado o diagrama de fasores a seguir, determine o valor dos elementos que compõem a impedância.

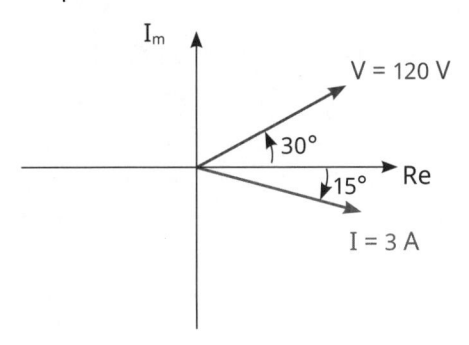

5. Considere o circuito:

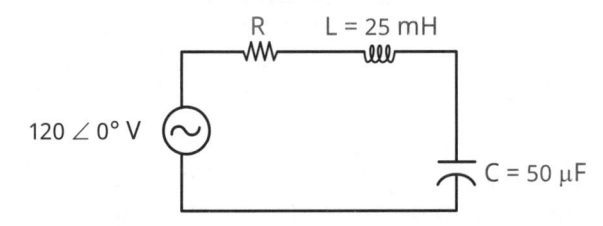

Dados ω = 40 rad/s e I avançada de 63,4°, calcule:

a) O valor de R.
b) O valor de I.
c) O valor de V_R.
d) O valor de V_L.
e) O valor de V_C.

Questão para reflexão

1. Suponha que dois consumidores A e B estejam ligados a uma subestação (SE) por meio de uma linha de transmissão (LT), com as seguintes especificações:

Dados do consumidor A

fp = 1,0
V = 220 V
P = 10 kW

Dados do consumidor B

fp = 0,8 atrasado
V = 220 V
P = 10 kW

Sabendo que a LT tem R = 0,5 Ω, calcule:

a) A corrente do consumidor A.
b) A corrente do consumidor B.
c) As perdas na transmissão para atender ao consumidor A.
d) As perdas na transmissão para atender ao consumidor B.
e) O quanto deve ser gerado para atender ao consumidor A.
f) O quanto deve ser gerado para atender ao consumidor B.
g) Agora, compare os resultados dos consumidores A e B e conclua sobre a necessidade de corrigir o fator de potência.

Para saber mais

A leitura das obras sugeridas a seguir pode contribuir para que você aprimore seus conhecimentos sobre circuitos elétricos e aprofunde os conceitos apresentados neste capítulo:

DORF, R. C.; SVOBODA, J. A. **Introdução aos circuitos elétricos**. 8. ed. Rio de Janeiro: LTC, 2012.

IRWIN, J. D. **Análise básica de circuitos para engenharia**. 7. ed. Rio de Janeiro: LTC, 2003.

NILSSON, J. W.; RIEDEL, S. A. **Circuitos elétricos**. 8. ed. Tradução de Arlete Simille Marques. São Paulo: Pearson Prentice Hall, 2009.

3.
Princípios de sistemas elétricos de potência

Conteúdos do capítulo:
- Geração, transmissão e distribuição de energia elétrica.
- Circuitos trifásicos.

Após o estudo deste capítulo, você será capaz de:
1. ter uma visão geral de sistemas elétricos de potência;
2. apontar as relações de circuitos trifásicos;
3. compreender o funcionamento de geradores e transformadores.

Princípios de sistemas elétricos de potência

Usualmente, utilizamos a expressão *sistemas elétricos de potência* para designar o conjunto formado pelos sistemas de geração, transmissão e distribuição de energia elétrica. A **geração** é o processo no qual ocorre a transformação de algum tipo de energia em energia elétrica. Por exemplo, a energia potencial das águas faz girar uma turbina hidráulica, cujo eixo está acoplado a um gerador elétrico, resultando na saída de energia elétrica. A transmissão é responsável por transportar a energia do local onde é gerada até uma subestação localizada nos centros urbanos. Por sua vez, a **distribuição** se encarrega de fazer com que a energia da subestação chegue ao usuário final. A Figura 3.1 representa, esquematicamente, um sistema elétrico de potência.

Figura 3.1
Diagrama esquemático de um sistema elétrico de potência

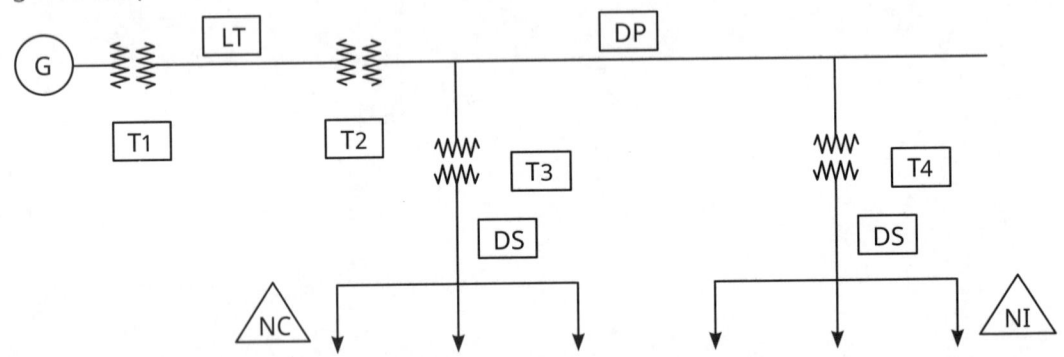

Nota: G – gerador; LT – linha de transmissão; DP – distribuição primária; DS – distribuição secundária; T1 – transformador elevador; T2 – transformador abaixador; T3 – transformador abaixador para nível comercial (NC); T4 – transformador abaixador para nível industrial (NI).

A geração de energia elétrica ocorre em duas etapas. Comumente, na primeira etapa, uma máquina primária (turbina) transforma qualquer tipo de energia, com frequência hidráulica ou térmica, em energia cinética de rotação. Em uma segunda etapa, um gerador elétrico acoplado à máquina primária transforma a energia cinética de rotação em energia elétrica. A energia gerada para atender a um sistema elétrico se apresenta sob a forma trifásica, alternada, tendo sido fixada a frequência de 60 Hz para uso em todo território brasileiro, por decreto governamental.

Em seguida, é feito o transporte da energia elétrica gerada até os centros consumidores, pois os pontos de geração normalmente encontram-se longe dos centros de consumo. Torna-se necessário elevar a tensão gerada para que os condutores possam ser de seção reduzida, por fatores econômicos e mecânicos.

Para que seja economicamente viável, a tensão gerada deve ser elevada a valores padronizados em função da potência a ser transmitida e das distâncias aos centros consumidores. Desse modo, há uma subestação elevadora perto da geração. As tensões mais usuais em corrente alternada nas linhas de transmissão são: 69 kV, 138 kV, 230 kV, 440 kV e 500 kV.

Por motivos de segurança, a tensão é diminuída quando se aproxima do ponto de consumo. O primeiro abaixamento de tensão acontece em subestações de transmissão antes de chegar à distribuição primária (DP). Uma subestação abaixadora reduz a tensão da linha de transmissão para valores padronizados nas redes de distribuição primária (11 kV; 13,8 kV; 15 kV; 34,5 kV etc.).

No entanto, o nível de tensão dessa primeira transformação ainda não é o de utilização, uma vez que é mais econômico distribuí-la em média tensão. Então, nos pontos de consumo, é realizada uma segunda transformação em uma subestação abaixadora para baixa tensão a um nível compatível com o sistema final de consumo (380/220 V, 220/127 V – Sistema trifásico e 220/110 V).

3.1 Geração de energia elétrica

Inicialmente, explanaremos sobre alguns aspectos preliminares à geração de energia, como as fontes energéticas e as máquinas primárias (turbinas), responsáveis pela primeira etapa de transformação de energia. Em seguida, abordaremos os princípios fundamentais que regem o gerador trifásico.

3.1.1 Energia

De forma bem ampla, podemos dizer que a energia é tudo aquilo capaz de produzir calor, trabalho mecânico, luz, radiação etc. A energia elétrica é um tipo especial de energia, por meio da qual podemos obter esses efeitos. A geração de energia elétrica pode ter fontes diversas.

Algumas das fontes têm substâncias capazes de produzir energia em larga escala, como: petróleo, carvão, urânio, biomassa, gás natural etc. Os processos de transformação podem ser baseados em: combustão, gaseificação, fissão nuclear etc. Inicialmente, a energia se apresenta nas seguintes formas: solar, gravitacional, geotérmica e nuclear.

As formas de energia podem estar associadas ao movimento de corpos fluidos (energia das marés ou hidráulica) e gasosos (energia eólica) ou à temperatura das substâncias (energia geotérmica, por exemplo).

Considerando as fontes atualmente conhecidas, é possível classificá-las em dois tipos:

1. **Fontes primárias**: Originadas de processos fundamentais da natureza, como a energia solar, a energia dos núcleos dos átomos ou a energia gravitacional e
2. **Fontes secundárias**: Derivadas das primeiras, representam apenas transformações e/ou diferentes formas daquelas, como a energia de biomassa (energia solar) e a das marés (energia gravitacional).

Quanto à renovabilidade das fontes, em princípio, todas podem ser produzidas e recolocadas na natureza. Entretanto, para várias delas, o processo de reposição natural envolve milhares de anos (como é o caso do petróleo), enquanto a reposição artificial, quando não é impossível, é absolutamente inviável, envolvendo um gasto de energia igual ou superior à quantidade a ser obtida ou custos proibitivos (como é o caso da energia nuclear). Essas fontes são classificadas como *não renováveis*. Da mesma forma, em princípio, nenhuma fonte de energia pode ser considerada inesgotável.

Há, ainda, fontes cuja utilização pela humanidade não representa qualquer variação significativa em seu potencial, que, em muitos casos, está avaliado para uma duração de vários milhões (ou bilhões) de anos (p. ex., energia solar e gravitacional), e outras cuja reconstituição pode ser feita sem grandes dificuldades em prazos de apenas alguns anos (por exemplo, biomassa). A essas fontes chamamos *fontes renováveis de energia*.

3.1.2 O gerador trifásico

Uma central elétrica é responsável por gerar ou produzir energia em grandes quantidades por meio das fontes disponíveis. A fonte que será convertida em energia é responsável pela classificação que se dá às centrais elétricas: termoelétricas, hidroelétricas e eólicas.

A conversão eletromecânica envolve a troca de energia entre um sistema elétrico e um sistema mecânico por meio de um campo magnético de acoplamento. O processo poderia ser considerado reversível, não fosse uma pequena quantidade de energia que se perde por aquecimento. A conversão de energia da forma mecânica para a forma elétrica é realizada em uma máquina denominada *gerador*. A conversão da energia de primária em elétrica resulta em um sistema trifásico.

Consideremos os enrolamentos de um gerador trifásico (3φ) elementar, como o representado na Figura 3.2.

Figura 3.2
Gerador 3φ

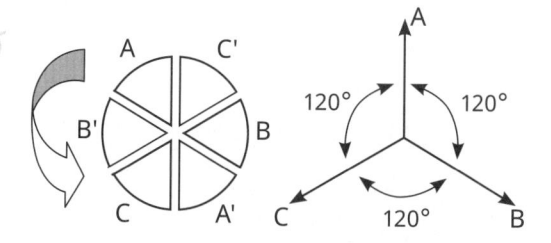

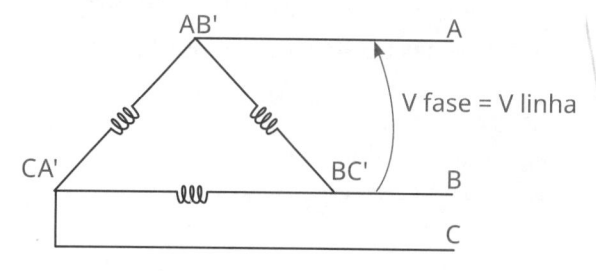

(b) Ligação triângulo

O gerador representado na Figura 3.2 apresenta duas partes distintas: a parte externa chamada *estator* ou *armadura*, que é estática, e a parte interna, chamada *rotor*, que é móvel.

No estator, encontram-se as espiras geradoras denotadas por AA', BB' e CC'. Essas espiras são dispostas em ranhuras (pequenas saliências), as quais estão defasadas umas das outras em 120°. Esse enrolamento é chamado *induzido* e pode ser ligado de duas formas: (a) em estrela (Y) ou (b) em triângulo (Δ), conforme a Figura 3.3.

Figura 3.3
Ligações do enrolamento induzido

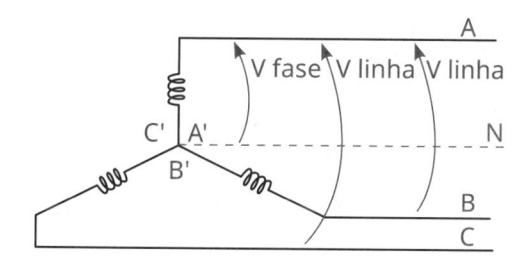

(a) Ligação estrela

Em ambos os casos, as fases são idênticas, tal que as amplitudes das tensões geradas são iguais.

No rotor, é produzido um campo magnético rotatório em razão de uma excitação de corrente contínua no enrolamento de campo, que se encontra sobre a estrutura magnética do rotor. Na Figura 3.2, o campo N-S gira no sentido da seta. Na Figura 3.3, A, B e C são as extremidades das fases geradores; e as tensões geradas nas três fases são expressas por:

$$v_{AA'} = V_m \cdot \text{sen } \omega t$$
$$v_{BB'} = V_m \cdot \text{sen } (\omega t + 120°) = V_m \cdot \text{sen}\left(\omega t + \frac{2\pi}{3}\right)$$
$$v_{CC'} = V_m \cdot \text{sen } (\omega t + 240°) = V_m \cdot \text{sen}\left(\omega t + \frac{4\pi}{3}\right)$$

(3.1)

Na Figura 3.4 e na Figura 3.5, é possível visualizar, respectivamente, os diagramas senoidal e vetorial dessas três tensões defasadas de 120°.

Figura 3.4
Diagrama senoidal

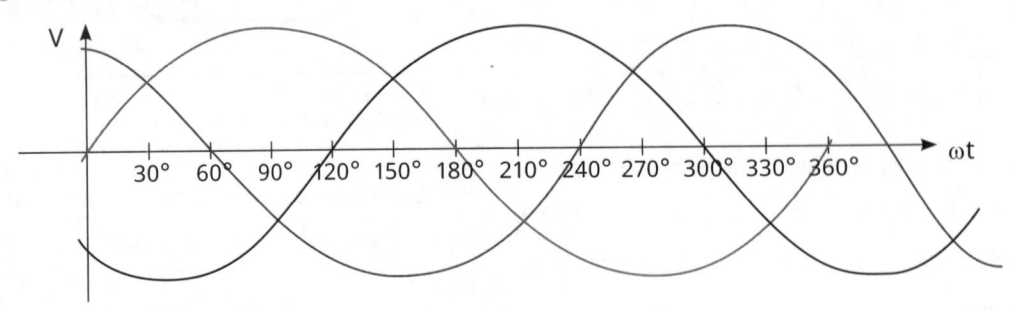

Figura 3.5
Diagrama vetorial das tensões trifásicas

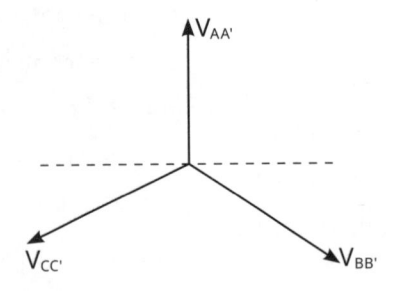

Qualquer dos dois diagramas mostra, a cada instante, que a resultante das três f.e.m é igual a zero. Também é possível chegar a essa conclusão de forma analítica:

$$v_{AA'} + v_{BB'} + v_{CC'} = V_m \cdot [\text{sen } \omega t + \text{sen } (\omega t + 120°) + \text{sen } (\omega t + 240°)] = 0 \tag{3.2}$$

Daí, origina-se a propriedade fundamental: **Em um sistema trifásico simétrico, a soma dos valores instantâneos nas três fases das tensões é igual a zero**. Se o sistema trifásico for balanceado, a soma dos valores instantâneos das correntes, em cada instante, é também igual a zero.

3.1.3 Ligações de fase

Há duas possibilidades para a utilização das tensões geradas por um alternador trifásico:

1. Os seis terminais A, A', B, B', C, C' poderão ser ligados de modo a formar três sistemas monofásicos independentes.

2. As três fases AA', BB', CC' poderão ser interligadas pelas duas maneiras já mencionadas: em estrela ou em triângulo.

Vamos considerar, por exemplo, os transformadores de distribuição. Estes são normalmente ligados em estrela, enquanto os transformadores das linhas de transmissão são ligados em triângulo, pelo menos do lado de alta tensão.

3.1.4 Ligação estrela (Y)

A ligação estrela também é usada em circuitos trifásicos e sua grande vantagem é a possibilidade de obter diferentes níveis de tensão: de fase e de linha.

Na Figura 3.6, há três representações: (a) ligação estrela com fases independentes; (b) ligação estrela com neutro; e (c) ligação estrela sem neutro.

Figura 3.6
Ligações em estrela

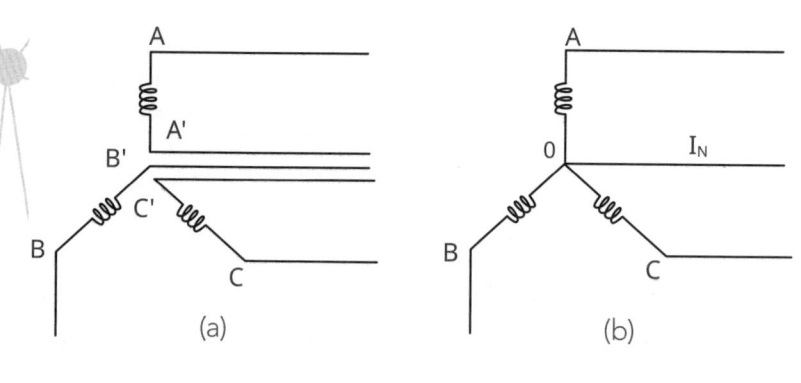

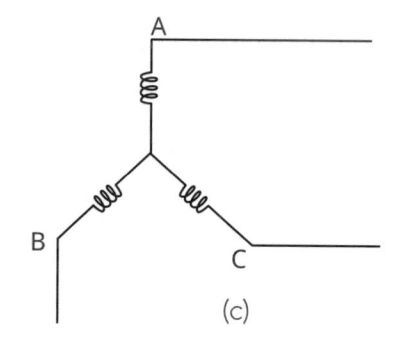

(a)

(b)

(c)

Na Figura 3.6a, está representado um modelo de uma ligação estrela para um gerador em que as três fases são independentes. Dito de outro modo, são três circuitos monofásicos e seriam necessários seis fios na linha.

Na Figura 3.6b, observa-se o sistema estrela a quatro fios, sendo o quarto o fio neutro. Essa ligação é empregada nos sistemas não balanceados. O fio neutro tem a função de transportar a corrente I_N, que é resultante das três correntes da linha:

$$I_N = I_A + I_B + I_C \qquad (3.3)$$

A corrente I_N será menor do que qualquer das correntes da linha, portanto, o fio neutro terá uma seção menor do que a dos outros três fios. Nos sistemas balanceados, $I_N = 0$; é possível excluir o fio neutro e obter um sistema a três fios (Figura 3.6c), em que cada fio atua alternadamente como condutor de ida ou de volta da corrente.

Princípios de sistemas elétricos de potência

As três tensões produzidas nas bobinas geradoras são chamadas *tensões de fase*; já as tensões entre os fios da linha são chamadas *tensões de linha*.

- As tensões de fase são: V_{AN}, V_{BN}, V_{CN}.
- As tensões de linha são: V_{AB}, V_{BC}, V_{CA}.

As tensões de linha são iguais à diferença geométrica entre duas tensões de fase.

$$V_{AB} = V_{AN} - V_{BN} = \sqrt{3}\, V_{AN} \quad (3.4)$$
$$V_{BC} = V_{BN} - V_{CN} = \sqrt{3}\, V_{BN}$$
$$V_{CA} = V_{CN} - V_{AN} = \sqrt{3}\, V_{CN}$$

Essas relações mostram que as tensões nas linhas são $\sqrt{3}$ vezes maiores que as tensões de fase. Isso também pode ser visto no diagrama vetorial da Figura 3.7.

Figura 3.7
Diagramas vetoriais para um sistema trifásico balanceado

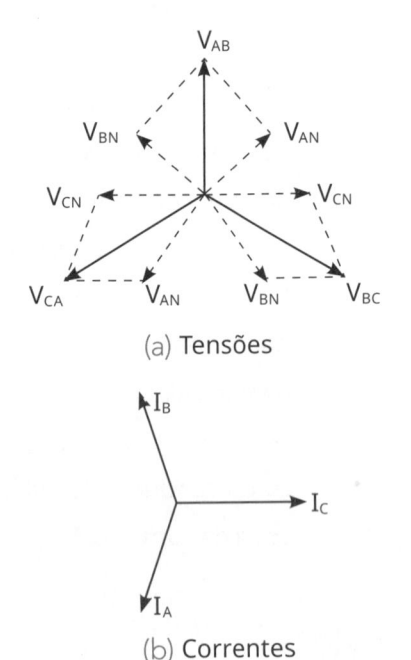

(a) Tensões

(b) Correntes

É evidente que, na ligação em estrela, as correntes de linha são iguais às correntes de fase: $I_{linha} = I_{fase}$.

Na Figura 3.8, apresentamos o diagrama vetorial para um sistema trifásico não balanceado.

Figura 3.8
Diagrama vetorial para um sistema trifásico não balanceado

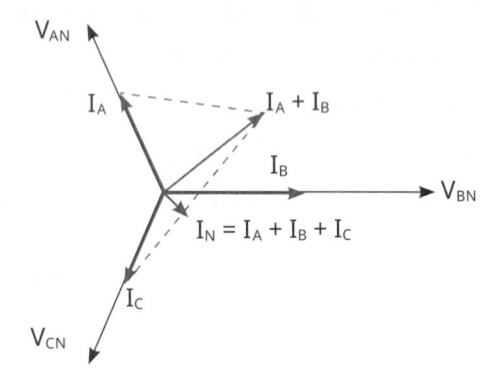

Como se nota na Figura 3.8, na falta de um condutor neutro, qualquer desequilíbrio circula através de uma ou mais fases.

3.1.5 Ligação triângulo (Δ)

Nesse tipo de ligação, terminais A, B, C das três fases geradoras são ligados conforme esquema da Figura 3.9.

Figura 3.9
Ligação triângulo

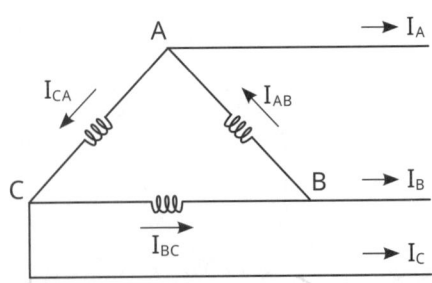

As tensões de linha (V_{AB}, V_{BC}, V_{CA}) são iguais às tensões geradas em cada fase: $V_{linha} = V_{fase}$. No entanto, as correntes de linha podem ser encontradas por meio da Lei de Kirchhoff para as correntes: **A somatória das correntes que chegam a um nó é igual à somatória das correntes que dele saem.**

$$I_A = I_{AB} - I_{CA} = \sqrt{3}\, I_{AB}$$
$$I_B = I_{BC} - I_{AB} = \sqrt{3}\, I_{BC} \quad (3.5)$$
$$I_C = I_{CA} - I_{BC} = \sqrt{3}\, I_{CA}$$

Portanto, na ligação triângulo, as correntes de linha são $\sqrt{3}$ vezes maiores que as correntes de fase. Em resumo:

- Na ligação estrela (Y):
  $V_{linha} = \sqrt{3}\, V_{fase}$
  $I_{linha} = I_{fase}$

- Na ligação triângulo (Δ):
  $V_{linha} = V_{fase}$
  $I_{linha} = \sqrt{3}\, I_{fase}$

3.1.6 Tensões no sistema trifásico (3φ) – sequência ABC

Para evidenciar a relação entre as tensões de linha e de fase, adotaremos V_{BC} na referência. Desse modo, fazemos a descrição a seguir:

- Nas tensões de linha:
  $V_{AB} = V_L \angle 120°\ V$
  $V_{BC} = V_L \angle 0°\ V$
  $V_{CA} = V_L \angle -120°\ V$

- Nas tensões de fase:
  $$V_{fase} = \frac{V_L}{\sqrt{3} \angle 30°}\ V \Rightarrow V_{AN} = \frac{V_{AB}}{\sqrt{3}} \angle 90°\ V$$
  $$V_{BN} = \frac{V_{BC}}{\sqrt{3}} \angle -30°\ V$$
  $$V_{CN} = \frac{V_{CA}}{\sqrt{3}} \angle -150°\ V$$

3.1.7 Potência em cargas trifásicas equilibradas para ligações triângulo (Δ)

A potência em uma fase das três fases equilibradas é dada por:

$$P_F = V_L \cdot I_F \cdot \cos\varphi \quad (3.6)$$

Assim, a potência total das três fases é:

$$P_{total} = 3 \cdot V_L \cdot I_F \cdot \cos\varphi \quad (3.7)$$

Já que as correntes são equilibradas, a potência total é três vezes a potência de fase.

Se considerarmos que $I_L = \sqrt{3}\, I_F \rightarrow I_F = \frac{I_L}{\sqrt{3}}$ e fizermos a substituição na Equação 3.7, obtemos:

$$P_{total} = 3 \cdot V_L \cdot \frac{I_L}{\sqrt{3}} \cdot \cos\varphi \quad (3.8)$$
$$\text{ou } P_{total} = \sqrt{3} \cdot V_L \cdot I_L \cdot \cos\varphi$$

A Equação 3.8 fornece a potência total de um sistema trifásico de cargas equilibradas em termos de grandezas de linha (tensão e corrente).

3.1.8 Potência em cargas equilibradas para ligações estrela (Y)

Na Figura 3.10, há a representação da potência em uma fase na ligação Y. Desse modo, a potência pode ser obtida por meio da tensão de fase e corrente de linha.

Figura 3.10
Potência em uma fase – ligação Y

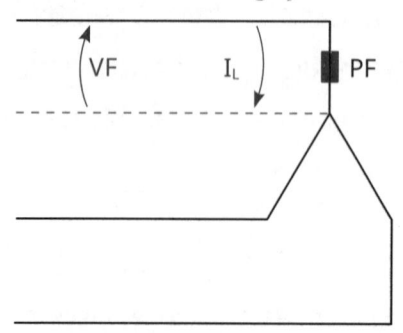

Conforme a Figura 3.10, a potência em uma fase é dada por:

$$P_F = V_F \cdot I_L \cdot \cos \varphi \qquad (3.9)$$

Se considerarmos que $V_F = \dfrac{V_L}{\sqrt{3}}$ e que a potência total é três vezes a potência em uma das fases, e fizermos a substituição na Equação 3.9, temos:

$$P_{total} = 3 \cdot \dfrac{V_L}{\sqrt{3}} \cdot I_L \cdot \cos \varphi \qquad (3.10)$$

$$\text{ou } P_{total} = \sqrt{3} \cdot V_L \cdot I_L \cdot \cos \varphi$$

A Equação 3.10 fornece uma expressão para a potência total em circuitos trifásicos em Y com carga equilibrada. As Equações 3.9 e 3.10 são idênticas.

3.1.9 Carga desequilibrada em estrela (Y) a quatro condutores

Consideremos agora que três cargas desequilibradas são ligadas em Y a quatro condutores, sendo o terceiro um condutor neutro. Nesse caso, as correntes de linha são desequilibradas. Logo, a função do condutor neutro é transportar a carga desequilibrada. Por isso, as tensões de fase mantêm-se equilibradas.

3.1.10 Ligação estrela (Y) a três condutores

Nesse caso, devemos fazer as seguintes considerações:

- o ponto comum entre as três impedâncias não está no potencial N (neutro);
- designaremos esse ponto comum por O;
- a diferença de tensão entre O e N será V_{ON} (tensão de deslocamento do neutro);
- as tensões nas fases (cargas) são desequilibradas (V_{AO}, V_{BO}, V_{CO}).

Figura 3.11
Ligação Y a três condutores

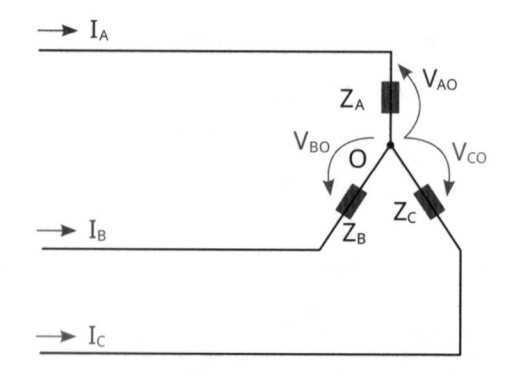

Aplicando a Lei de Kirchhoff das Correntes (LKC) ao ponto de ligação das cargas (ponto O), temos que $I_A + I_B + I_C = 0$, sendo $I_A = V_{AO}Y_A$, $I_B = V_{BO}Y_B$ e $I_C = V_{CO}Y_C$.

Nesse caso, as tensões de fase sem o neutro são dadas por:

$$V_{AO} = V_{AN} - V_{ON} \qquad (3.11)$$
$$V_{BO} = V_{BN} - V_{ON}$$
$$V_{CO} = V_{CN} - V_{ON}$$

em que a tensão de deslocamento do neutro (V_{ON}) é dada por $V_{ON} = \dfrac{V_{AN} Y_A + V_{BN} Y_B + V_{CN} Y_C}{Y_A + Y_B + Y_C}$.

3.2 Transmissão de energia elétrica

Conforme comentamos no início deste capítulo, os transformadores são utilizados quando se pretende elevar o nível de tensão na saída da geração com o objetivo de minimizar as perdas na transmissão. Esse processo ocorre em uma central de transformação denominada *subestação*.

Uma vez que a tensão se encontra no nível de tensão ideal para a transmissão, o transporte da energia se faz pelos seguintes meios:

- **Sistema de transmissão**: A energia gerada é levada até o centro de consumo em sistemas interligados.
- **Sistema de interconexão**: Quando se trata de sistemas independentes.
- **Subtransmissão**: Estágio intermediário entre a transmissão e a distribuição.
- **Distribuição**: A transmissão ou a subtransmissão são interligadas aos centros de consumo.

A maior parte do sistema de transmissão brasileiro opera em corrente alternada (CA). Apenas uma parte do sistema de transmissão – linha de transmissão que parte de Itaipu (PR) com destino a São Roque (SP) – opera em corrente contínua (CC). A opção por um sistema de transmissão que opere em CA ou CC deve obedecer a critérios técnicos e econômicos.

Os sistemas de transmissão em CA são formados por: geradores; subestações elevadoras de tensão; linhas de transmissão; em alguns casos, subestações seccionadoras; e, por fim, subestações abaixadoras.

Os níveis de tensão dos sistemas de transmissão em CA podem ser classificados em: alta tensão (AT – 138 a 230 kV); extra-ultra-alta tensão (EAT – 345, 440 ou 500 kV); e ultra-alta tensão (UAT – acima de 750 kV).

Uma forma de tornar a transmissão mais viável econômica e tecnicamente é proceder à elevação do nível de tensão logo após a geração. Desse modo, são reduzidas as correntes e, consequentemente, as seções dos condutores das linhas de transmissão. Com isso, as linhas de transmissão ficam mais leves, mais baratas e a manutenção é facilitada.

As linhas de transmissão permitem explorar as fontes de energia que se situam distantes dos centros de consumo. A maior usina hidroelétrica do Brasil, Itaipu, tem parte de sua geração em 60 Hz. Essa parcela é transmitida em 750 kV CA.

As linhas de transmissão são linhas aéreas compostas de condutores fixados em isoladores ou em cadeias de isoladores em suspensão. Os suportes para as linhas de transmissão podem ser estruturas metálicas ou de concreto armado e a distância entre os apoios é tanto maior quanto maior for a tensão de trabalho.

São utilizados cabos para-raios para proteger as linhas de transmissão contra descargas atmosféricas. Esses cabos são localizados na extremidade do suporte à terra. Também as estruturas metálicas são ligadas à terra para evitar faiscamentos, os quais, próximos às linhas, podem ocasionar sobretensões capazes de romper a rigidez dielétrica do meio isolante.

A estrutura do sistema de transmissão em CC é praticamente a mesma da transmissão em CA, excluindo-se as estações conversoras (CA/CC e CC/CA). Inicialmente, a energia é gerada em CA e então convertida em CC por uma estação retificadora. A transmissão é realizada em CC e, no ponto de entrega, é convertida novamente em CA em uma estação inversora. Tanto a retificação quanto a inversão são realizadas nas estações específicas por dispositivos eletrônicos. Por causa dessa dependência de dispositivos eletrônicos, a transmissão em CC só se justifica economicamente em aplicações muito específicas, como no caso de longas distâncias. Na maioria das vezes, opta-se por transmissão em CC quando a distância entre a geração e o centro de consumos é bastante grande.

Para a melhor compreensão do processo de transmissão de energia, explicaremos, a seguir, alguns princípios básicos do funcionamento de transformadores.

3.2.1 Transformadores

Sabemos que as perdas ôhmicas são dadas por $R \cdot I^2$ e que são dissipadas em um condutor na forma de calor. Em sistemas de transmissão de energia elétrica, é importante diminuir essas perdas para que a potência transmitida seja razoavelmente estável.

Sendo a potência (ativa) transmitida igual a $P = V \cdot I \cdot \cos \varphi$, as perdas podem ser minimizadas com a diminuição da corrente e, consequentemente, com a redução da seção dos condutores. Nessas condições, para manter o produto VI constante, o nível de tensão deve ser elevado. Assim, faz-se necessário o uso de transformadores de potência.

Denominamos *transformador* a máquina estática de corrente alternada capaz de transformar tensão alternada em um nível maior ou menor, mantendo a mesma frequência.

O transformador apresenta dois enrolamentos (primário e secundário), que se encontram isolados um do outro e são atravessados por um fluxo magnético. O enrolamento que recebe a energia elétrica de uma fonte chama-se *primário*. Por essa razão, quando nos referimos a tensões, correntes e potências desse enrolamento, utilizamos as expressões *tensão primária*, *corrente primária* e *potência primária*. O enrolamento que transmite a alguma carga a energia elétrica recebida do enrolamento primário por fluxo magnético comum denomina-se *secundário*. Consequentemente, as tensões, correntes e potências desse enrolamento são designadas *tensão secundária*, *corrente secundária* e *potência secundária*.

Para intensificar o fluxo magnético comum aos dois enrolamentos, utiliza-se um núcleo fechado comum. Normalmente, esse núcleo é feito de material ferromagnético constituído de chapas finas ou lâminas. Há casos em que o núcleo é o ar ou, simplesmente, não existe. Os transformadores podem ser monofásicos ou trifásicos.

3.2.1.1 Transformador ideal

Comentaremos, inicialmente, o funcionamento de um transformador ideal para modelarmos matematicamente seu funcionamento e, então, introduziremos algumas não idealidades. Um transformador é considerado ideal quando:

- apresenta núcleo com permeabilidade infinita ($\mu = \infty$), sem perdas (histerese, corrente de Foucault etc.) e relutância nula ($\Re = 0$);
- tem enrolamentos de condutor sem perdas, ou seja, resistência nula ($R = 0$);
- todo fluxo produzido por um enrolamento concatena o outro.

Figura 3.12
Circuito eletromagnético de um transformador ideal

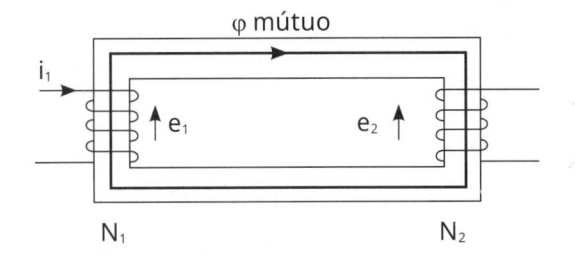

Para o transformador ideal, valem todas as equações do eletromagnetismo.

Em $e = -N \dfrac{d\varphi}{dt}$, o sinal negativo indica que e é considerada uma fonte de tensão. Como na Figura 3.12 e_1 faz a função de carga, ou seja, corrente entrando no positivo (receptor), utilizaremos a notação sem o sinal.

$$e = N \dfrac{d\varphi}{dt} \quad (3.12)$$

$$e_1 = \omega \cdot f \cdot N_1 \cdot \varphi_m = 2 \cdot \pi \cdot f \cdot N_1 \cdot \varphi_m \quad (3.13)$$

Utilizando-se valores eficazes, podemos deduzir a equação fundamental do transformador, apresentada a seguir:

$$e_1 = \omega \cdot f \cdot N_1 \cdot \varphi_m = 2 \cdot \pi \cdot f \cdot N_1 \cdot \varphi_m \rightarrow$$
$$\rightarrow e_1 = \dfrac{2 \cdot \pi \cdot f \cdot N_1 \cdot \varphi_m}{\sqrt{2}} = 4{,}444 \cdot N_1 \cdot f \cdot \varphi_m \quad (3.14)$$

$$e_1 = N_1 \dfrac{d\varphi}{dt} \rightarrow e_1 = 4{,}444 \cdot N_1 \cdot f \cdot \varphi_m \quad (3.15)$$

$$e_2 = N_2 \frac{d\varphi}{dt} \rightarrow e_2 = 4{,}444 \cdot N_2 \cdot f \cdot \varphi_m \quad (3.16)$$

Com essas equações, encontramos a primeira equação do transformador:

$$\frac{e_1}{N_1} = \frac{e_2}{N_2} = k \quad (3.17)$$

sendo k a relação de transformação.

Um transformador ideal obedece ao princípio da reversibilidade, ou seja, se aplicarmos a tensão nominal em qualquer enrolamento, aparecerão suas tensões nominais nos outros.

Uma vez que o transformador ideal não apresenta perdas, a soma das potências que entram é igual a das que saem do transformador ideal (sempre nula).

$$\sum p = 0 \quad (3.18)$$

Considemos um transformador com 2 enrolamentos, conforme Figura 3.12. Nesse caso, o balanço de potência em valores instantâneos é: $p_1 + p_2 = 0$. Portanto:

$$e_1 \cdot i_1 + e_2 \cdot i_2 = 0 \quad (3.19)$$

Considerando que $\frac{e_1}{N_1} = \frac{e_2}{N_2}$, obtemos a seguinte relação:

$$e_2 = e_1 \cdot \frac{N_2}{N_1} \quad (3.20)$$

Se substituirmos a relação na Equação 3.19, teremos:

$$e_1 \cdot i_1 + e_1 \cdot \frac{N_2}{N_1} \cdot i_2 = 0 \quad (3.21)$$

ou

$$i_1 \cdot N_1 + i_2 \cdot N_2 = 0 \quad (3.22)$$

Essas equações evidenciam que a soma das forças magnetomotrizes (f.m.m.) é sempre nula. Portanto, $\Im_1 + \Im_2 = 0$, ou, de um outro modo, $i_1 \cdot N_1 = -i_2 \cdot N_2$.

Fazendo $i_2 = I_{2m} \cdot \cos(\omega t)$, temos:

$$i_1 = -\left(\frac{N_2}{N_1}\right) \cdot I_{2m} \cdot \cos(\omega t) \quad (3.23)$$

ou

$$i_1 = \left(\frac{N_2}{N_1}\right) \cdot I_{2m} \cdot \cos(\omega t + \pi) \quad (3.24)$$

Isso significa que a corrente i_1 está defasada de 180° em relação à i_2.

Tomando as correntes em valores eficazes, temos a segunda equação do transformador:

$$N_1 \cdot I_1 = N_2 \cdot I_2 \quad (3.25)$$

Consideremos agora a alimentação em tensão alternada.

$$v_1 = V_{1m} \cdot \cos(\omega t) \quad (3.26)$$

Figura 3.13
Transformador ideal alimentando uma carga puramente indutiva

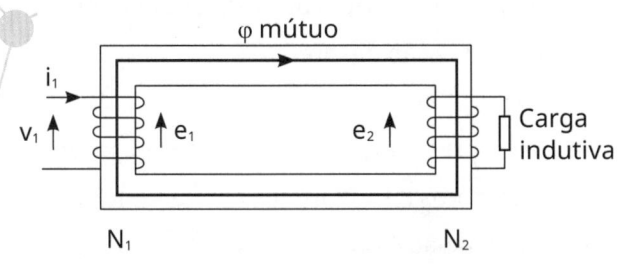

Figura 3.15
Diagrama fasorial de i_1, v_1 e $\varphi_{mútuo}$ do transformador da Figura 3.13

Como o circuito é puramente indutivo, a corrente i_1 é dada por:

$$i_1 = \frac{V_m}{\omega L} \text{sen}(wt) = \frac{V_m}{\omega L} \cos\left(\omega t - \frac{\pi}{2}\right) \quad (3.27)$$

Substituindo a Equação 3.27 na expressão $i_2 = -\frac{N_1}{N_2} \cdot i_1$, temos:

$$i_2 = I_{2m} \cdot \cos\left(\omega t + \frac{\pi}{2}\right) \quad (3.28)$$

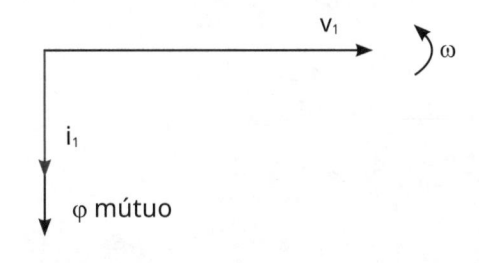

Portanto:

$$e_2 = -N_2 \cdot \frac{d\varphi}{dt} \rightarrow e_2 = N_2 \cdot \varphi_m \cdot \omega \cdot \cos(\omega t) \rightarrow$$
$$\rightarrow e_2 = E_{2m} \cdot \cos(\omega t) \quad (3.30)$$

A tensão e_2 está em fase com a tensão v_1 e adiantada 90° em relação ao fluxo.

A tensão e_1 está em fase com a tensão e_2.

Figura 3.16
Diagrama fasorial de i_1, v_1, e_1, i_2, e_2, $\varphi_{mútuo}$ do transformador da Figura 3.13

Figura 3.14
Diagrama fasorial de i_1, i_2 e v_1.

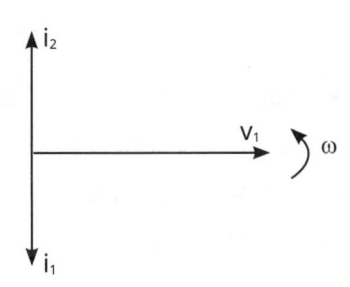

Como o fluxo é proporcional à corrente, este deve estar em fase com a corrente que o produz.

$$\varphi = \frac{L \cdot i_1}{N_1} = \frac{L \cdot I_{1m}}{N_1} \cdot \cos\left(\omega t - \frac{\pi}{2}\right) = \quad (3.29)$$
$$= \varphi_m \cdot \cos\left(\omega t - \frac{\pi}{2}\right)$$

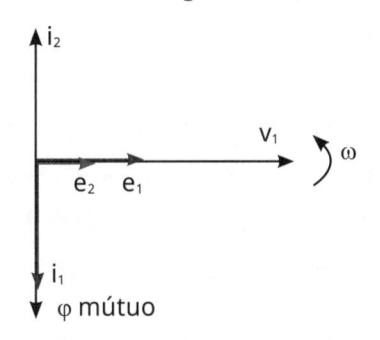

Se adotarmos v_1 como referência:

$$v_1(t) = V_{1m} \cdot \cos(\omega t) \rightarrow \dot{V}_1 = V_{1m} \angle 0 \quad (3.31)$$

$$e_1(t) = E_{1m} \cdot \cos(\omega t) \rightarrow \dot{E}_1 = E_{1m} \angle 0 \quad (3.32)$$

$$e_2(t) = E_{2m} \cdot \cos(\omega t) \rightarrow \dot{E}_2 = E_{2m} \angle 0 \quad (3.33)$$

$$i_1(t) = I_{1m} \cdot \cos\left(\omega t - \frac{\pi}{2}\right) \rightarrow \quad (3.34)$$
$$\rightarrow \dot{I}_1 = I_{1m} \angle -90$$

$$i_2(t) = I_{2m} \cdot \cos\left(\omega t + \frac{\pi}{2}\right) \rightarrow \quad (3.35)$$
$$\rightarrow \dot{I}_2 = I_{2m} \angle 90$$

$$\varphi_t(t) = \varphi_m \cdot \cos\left(\omega t - \frac{\pi}{2}\right) \rightarrow \quad (3.36)$$
$$\rightarrow \dot{\varphi} = \varphi_{1m} \angle -90$$

Figura 3.17
Diagrama fasorial de I_1, V_1, E_1, I_2, E_2, $\varphi_{mútuo}$ do transformador da Figura 3.13

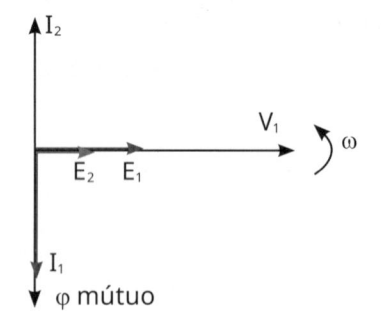

Depois de termos apresentado o comportamento fasorial das tensões e correntes em um transformador, prosseguimos verificando o comportamento de um transformador real.

3.2.1.2 Transformador real

Agora, faremos uma breve apresentação do modelo de um transformador real, no qual algumas condições de operação passam a ser demandadas.

O modelo do transformador real leva em consideração que:

- os campos elétricos produzidos pelos enrolamentos são desprezíveis;
- as resistências dos enrolamentos podem ser representadas por parâmetros concentrados nos terminais dos enrolamentos;
- a *f*.m.m não é nula;
- os fluxos estabelecidos pelas correntes não estão inteiramente confinados ao núcleo e podem ser divididos em fluxo de dispersão e fluxo mútuo;
- as perdas no núcleo são desprezíveis.

Figura 3.18
Circuito eletromagnético de um transformador real

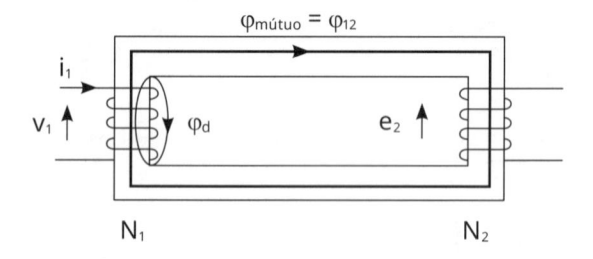

Esclarecemos que, na Figura 3.18, $\varphi_{mútuo}$ ou φ_{12} é o fluxo produzido na bobina N_1, que enlaça a bobina N_2; e φ_d é o fluxo produzido em N_1, que é perdido ou disperso pelo ar.

Nos enrolamentos do transformador real, existem, além da dispersão do fluxo, as perdas no cobre das bobinas. O fluxo de dispersão pode ser representado por uma reatância indutiva, $X_L = \omega \cdot L$, e as perdas ôhmicas, por uma resistência.

Figura 3.19
Circuito elétrico representativo das perdas no primário do transformador

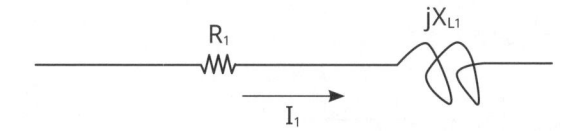

Quando conectamos uma carga no secundário do transformador, aparece I_2, da mesma forma que no primário.

Figura 3.20
Circuito elétrico representativo das perdas no secundário do transformador

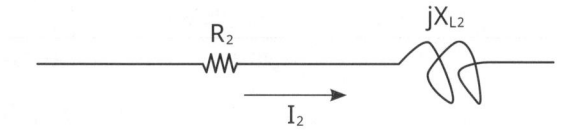

A corrente i_1 deve atender a duas situações:
1. Gerar o fluxo mútuo (magnetizar o núcleo)
   - corrente de excitação do transformador I_0;
   - simular as perdas no núcleo;
2. Contrabalançar a f.m.m. gerada por i_2
   - corrente de carga.

Se considerarmos que as perdas no núcleo incorporam aquelas que ocorrem por histerese, por correntes de Foucault, entre outras, o circuito equivalente do transformador real pode ser ilustrado como na Figura 3.21.

Figura 3.21
Circuito equivalente simplificado de um transformador

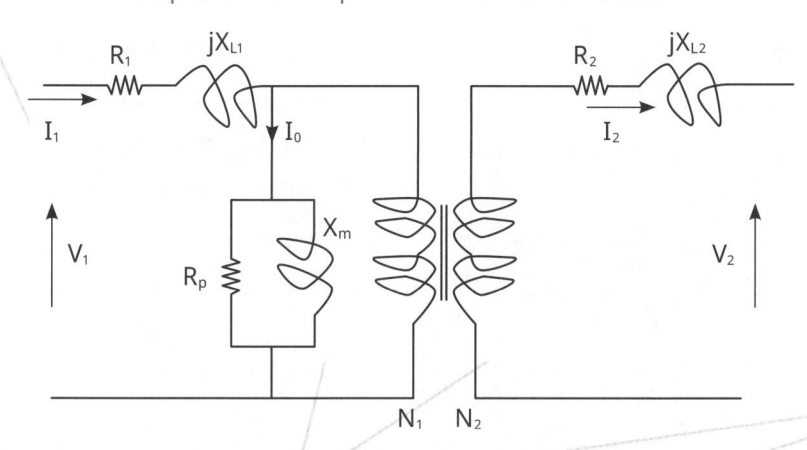

Na Figura 3.21, R_p representa as perdas no núcleo e X_m representa a reatância de magnetização do núcleo.

Estamos interessados em transformar o circuito da Figura 3.21 em um circuito equivalente, de forma que os valores do secundário sejam referidos ao primário. Nesse caso, devemos determinar qual o valor que a tensão no primário do transformador representa no valor de tensão do secundário.

$$\frac{V_1}{N_1} = \frac{V_2}{N_2} \rightarrow V_1 = \frac{N_1}{N_2} \cdot V_2 \quad (3.37)$$

A mesma relação vale para as correntes:

$$\frac{I_1}{N_1} = \frac{I_2}{N_2} \rightarrow I_1 = \frac{N_1}{N_2} \cdot I_2 \quad (3.38)$$

Dessas equações, temos:

$$\frac{V_1}{I_1} = \left(\frac{N_1}{N_2}\right)^2 \cdot \frac{V_2}{I_2} = \left(\frac{N_1}{N_2}\right)^2 \cdot R_2 \quad (3.39)$$

Podemos concluir que a resistência R_2 do secundário pode ser substituída por uma resistência equivalente R_2' no circuito primário, tal que:

Princípios de sistemas elétricos de potência

$$R_2' = \left(\frac{N_1}{N_2}\right)^2 \cdot R_2 \qquad (3.40)$$

Podemos chegar à mesma conclusão da reatância do secundário quando referida ao primário:

$$X_{L2}' = \left(\frac{N_1}{N_2}\right)^2 \cdot X_{L2} \qquad (3.41)$$

Desse modo, o novo circuito equivalente pode ser representado como na Figura 3.22.

Figura 3.22
Circuito equivalente de um transformador referido do primário

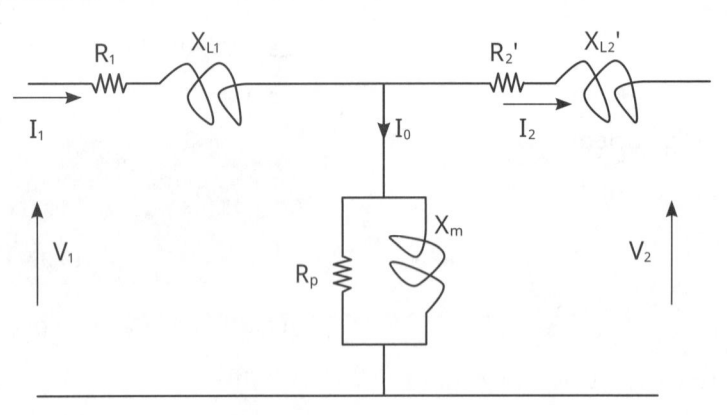

Dada a representação do circuito equivalente de um transformador, podemos entender melhor seu funcionamento e obter relações para determinar alguns índices de desempenho, como o rendimento e a regulação.

Rendimento do transformador real

O rendimento (η) de um transformador é definido como a razão de potência útil de saída para uma determinada potência de entrada, tal como descrito na equação a seguir:

$$\eta = \frac{\text{Potência de saída}}{\text{Potência de entrada}} \qquad (3.42)$$

em que: potência de saída é igual a $S \cdot \cos\varphi = V_{1m} \cdot I_{1m} \cdot \cos\varphi$; potência de entrada = potência de saída + perdas; $\cos\varphi$ é o fator de potência da instalação; e perdas são calculadas com base em ensaios à vazio e em curto-circuito.

Regulação

A regulação é definida como a variação na tensão terminal do secundário em circuito aberto e em plena carga. Essa definição normalmente se consolida para corrente nominal com carga puramente resistiva.

A regulação é expressa em porcentagem do valor da tensão em plena carga.

$$R = \frac{V_1 - V_2'}{V_2'} \cdot 100(\%) \qquad (3.43)$$

Agora que já explicamos como funciona o sistema de transmissão e abordamos a importância e os princípios de operação dos transformadores, trataremos do caminho final da energia que, após gerada e transmitida, é distribuída para os consumidores.

3.3 Distribuição de energia elétrica

A partir das subestações abaixadoras, iniciam-se os sistemas de distribuição, os quais se dividem em distribuição primária e distribuição secundária, de acordo com o nível de tensão.

As linhas de distribuição são compostas por condutores de cobre ou alumínio que transportam tensões de mesma intensidade e frequência, porém defasadas 120°. Os principais materiais e equipamentos que constituem as linhas de distribuição são: os isoladores do tipo pino, suspensão ou roldana; os para-raios; os disjuntores tripolares trifásicos; entre outros. Os condutores são fixados em estruturas (postes) de concreto e, em alguns casos, de madeira.

3.3.1 Distribuição primária

Os alimentadores que partem das subestações abaixadoras compõem o sistema de distribuição primária, cujas tensões estão na faixa de 13,8 kV e, em alguns casos, 34,5 kV. No entanto, há algumas localidades que têm níveis de tensões primárias específicas, como 23 kV, 11,9 kV, 6,6 kV, 3,8 kV etc. Nesse tipo de distribuição, a energia é entregue para indústrias e grandes consumidores, como hospitais, hipermercados, centros comerciais, entre outros.

O nível de tensão dessa primeira transformação ainda não é o de utilização, uma vez que é mais econômico distribuí-la em média tensão. Então, nos pontos de consumo, é realizada uma segunda transformação para um nível compatível com o sistema final de consumo.

3.3.2 Distribuição secundária

A distribuição primária passa por mais uma transformação do nível de tensão para se tornar mais apropriada para o atendimento da maioria dos consumidores. A partir dessa transformação, a rede de distribuição denomina-se *distribuição secundária*.

É comum encontrarmos os níveis de tensão no sistema de distribuição secundária: 380/220 V ou 127/220 V para secundário em estrela aterrado (valor de fase/valor de linha). Mas podem ocorrer outros valores, dependendo do tipo de ligação (estrela ou triângulo) ou de alguns padrões da concessionária.

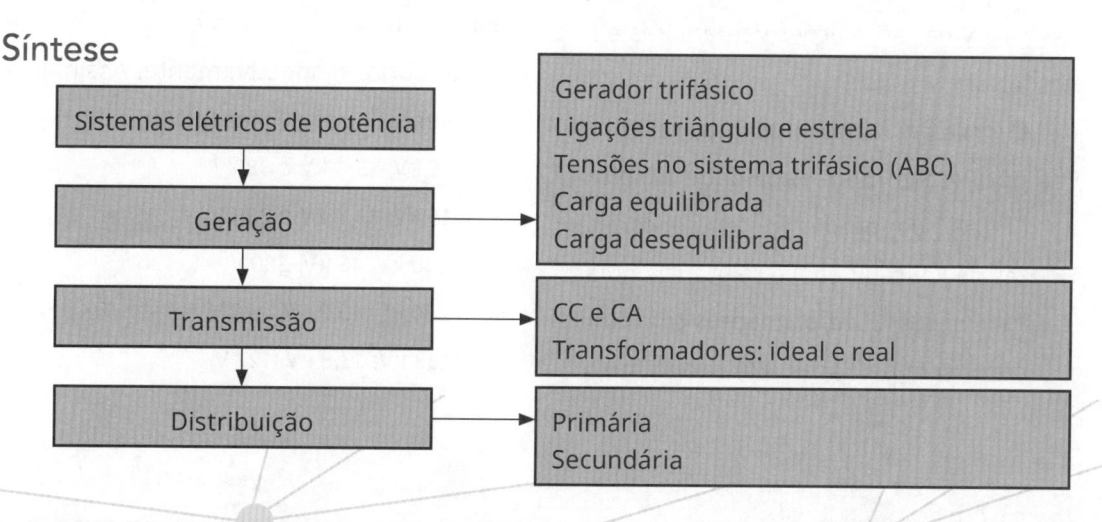

Síntese

- Sistemas elétricos de potência
  - Geração
    - Gerador trifásico
    - Ligações triângulo e estrela
    - Tensões no sistema trifásico (ABC)
    - Carga equilibrada
    - Carga desequilibrada
  - Transmissão
    - CC e CA
    - Transformadores: ideal e real
  - Distribuição
    - Primária
    - Secundária

Princípios de sistemas elétricos de potência

Questões para revisão

1. Complete a coluna à direita da tabela com as alternativas correspondentes às afirmações contidas na coluna à esquerda.

   I) Ligação estrela
   II) Ligação estrela com três condutores
   III) Ligação triângulo
   IV) Sistema estrela balanceado

Afirmações	Alternativas
A corrente no condutor neutro é igual a zero.	
As tensões de fase são desequilibradas.	
As correntes de linha são $\sqrt{3}$ vezes maiores que as correntes de fase.	
As tensões de linha são $\sqrt{3}$ vezes maiores que as tensões de fase.	

   Assinale a alternativa que apresenta a sequência correta:

   a) II, III, IV, I.
   b) IV, II, III, I.
   c) I, II, IV, III.
   d) II, I, III, IV.
   e) IV, III, I, II.

2. Assinale V nas afirmações verdadeiras e F nas falsas:

   ( ) O transformador ideal apresenta núcleo com permeabilidade infinita ($\mu = \infty$), sem perdas (histerese, correntes de Foucault etc.) e relutância nula ($\Re = 0$), possui enrolamentos com condutor sem perdas (R = 0) e todo fluxo produzido por um enrolamento concatena o outro.
   ( ) Os transformadores são comumente usados para elevação de tensão em sistemas de corrente contínua.
   ( ) Os transformadores são exclusivamente usados para elevação de tensão em sistemas de corrente alternada.
   ( ) Os transformadores podem ser usados para elevação ou abaixamento de tensão em sistemas de corrente alternada.

   Assinale a alternativa que apresenta a sequência correta:

   a) V, F, F, V.
   b) F, V, F, V.
   c) V, V, V, F.
   d) F, V, F, F.
   e) F, V, V, V.

3. Durante o processo de geração, transmissão e distribuição, a energia elétrica passa por subestações elevadoras e abaixadoras, nas quais as tensões podem assumir valores preestabelecidos. Considere as alternativas a seguir, que apresentam sequências possíveis de tensões na transmissão, na distribuição primária e na distribuição secundária, respectivamente. Assinale V nas verdadeiras e F nas falsas:

   ( ) 15 kV; 13,8 kV e 380 V.
   ( ) 15 kV; 13,8 kV e 220 V.
   ( ) 230 kV; 15 kV, 380 V.
   ( ) 230 kV; 13,8 kV, 220 V.
   ( ) 138 kV; 13,8 kV, 127 V.

Assinale a alternativa que apresenta a sequência correta:

a) V, V, F, V, V.
b) F, V, F, F, F.
c) F, F, V, V, V.
d) F, F, F, F, V.
e) V, F, V, F, V.

4. Um sistema ABC 3φ a 3 fios, 110 V, alimenta uma carga Δ, constituída por 3 impedâncias iguais de 5∠45°. Determine as correntes de linha:

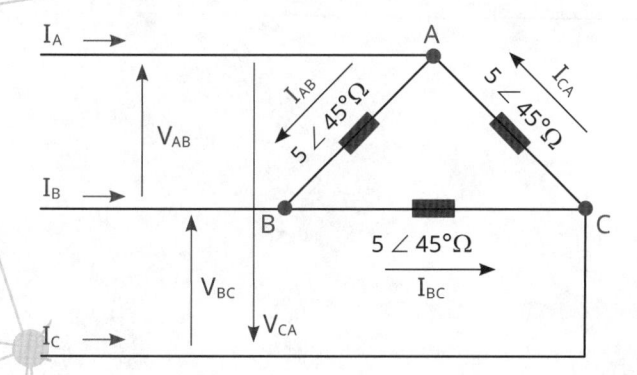

5. Um sistema CBA 3φ a 4 fios, 208 V, tem cargas ligadas em Y: $Z_A = 6\angle 0°\ \Omega$, $Z_B = 6\angle 30°\ \Omega$ e $Z_C = 5\angle 45°\ \Omega$. Calcule a corrente transportada pelo condutor neutro.

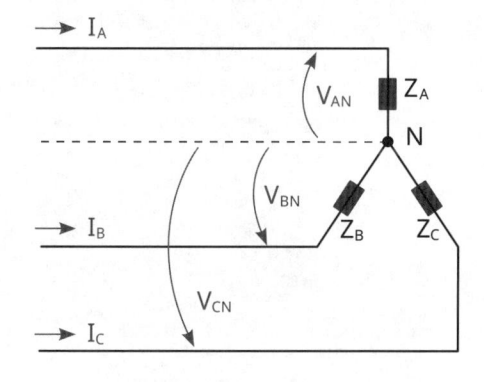

Questão para reflexão

1. Pesquise a legislação da empresa de distribuição de energia elétrica da sua cidade sobre:
    a) limites de fornecimento de energia elétrica;
    b) rede aérea;
    c) rede subterrânea;
    d) tensão de fornecimento, tipo de atendimento e número de fases;
    e) entrada individual;
    f) entrada coletiva;
    g) medição.

Para saber mais

As obras que sujerimos a seguir podem contribuir para o aprofundamento nos conceitos de sistemas elétricos de potência.

DORF, R. C.; SVOBODA, J. A. **Introdução aos circuitos elétricos**. 8. ed. Rio de Janeiro: LTC, 2012.

IRWIN, J. D. **Análise básica de circuitos para engenharia**. 7. ed. Rio de Janeiro: LTC, 2003.

NILSSON, J. W.; RIEDEL, S. A. **Circuitos elétricos**. 8. ed. Tradução de Arlete Simille Marques. São Paulo: Pearson Prentice Hall, 2009.

4.

A ABNT NBR 5410:2004

Conteúdos do capítulo:

- Objetivos da ABNT NBR 5410, de 2004, para instalações elétricas de baixa tensão.
- Definições dos termos empregados pela norma.
- Princípios fundamentais de instalações elétricas de baixa tensão.

Após o estudo deste capítulo, você será capaz de:

1. reconhecer as condições a que as instalações de baixa tensão devem atender;
2. utilizar os termos atribuídos aos componentes de uma instalação e aos equipamentos que podem ser empregados nas instalações;
3. compreender o conceito de choque elétrico e os termos relacionados à proteção contra esses acidentes, bem como aqueles relacionados à proteção contra sobretensões e perturbações eletromagnéticas;
4. entender o conceito de linhas elétricas;
5. identificar os termos relacionados aos serviços de segurança;
6. ter uma visão geral da norma.

A ABNT NBR 5410:2004

Neste capítulo, apresentaremos a Norma Brasileira (NBR) 5410, de 2004, doravante *Norma*. Essa norma foi elaborada pelo Comitê Brasileiro de Eletricidade, vinculado à Associação Brasileira de Normas Técnicas (ABNT/CB-03). Uma Comissão de Estudos de Instalações Elétricas de Baixa Tensão foi instituída para tal finalidade e, após consulta pública, a Norma passou a vigorar em março de 2005. Ela apresenta especificações para instalações elétricas de baixa tensão, visando atender principalmente aos critérios de funcionamento e segurança. Em outras palavras, a Norma se aplica a instalações cuja tensão nominal é menor ou igual a 1000 V (CA) e frequências inferiores a 400 Hz ou 1500 V (CC).

O objetivo da Norma é apresentado em seu Capítulo 1. No Capítulo 2, são expostas as referências normativas que lhe dão suporte e podem ser utilizadas em conjunto. No Capítulo 3, são apresentadas algumas definições que são empregadas ao longo da Norma. No Capítulo 4, são exibidos os princípios fundamentais e determinadas as características gerais. No Capítulo 5, é abordado o tema *proteção para segurança*. O Capítulo 6 traz os fundamentos para seleção e instalação de componentes. No Capítulo 7, são exibidos os requisitos para a verificação da instalação. No Capítulo 8, são expostos os requisitos para a manutenção; e, por fim, no Capítulo 9, são apresentados os requisitos complementares para instalações ou locais específicos. Além desses nove capítulos, a Norma traz os Anexos A, B, C, D, E, F, G, H, J, K, L e M.

Podemos transcrever os objetivos da Norma, conforme segue:

1.1 Esta Norma estabelece as condições a que devem satisfazer as instalações elétricas de baixa tensão, a fim de garantir a segurança de pessoas e animais, o funcionamento da instalação e a conservação dos bens.

1.2 Esta Norma aplica-se principalmente às instalações elétricas de edificações, qualquer que seja seu uso, (residencial, comercial, público, industrial, de serviços, agropecuário, hortigranjeiro etc.), incluindo as pré-fabricadas.

1.3 Esta Norma aplica-se também às instalações elétricas:

    a) em áreas [...] externas às edificações;

    b) locais de acampamento [...], marinas;

    c) de canteiros de obra, feiras, exposições e outras instalações temporárias.

[...]

1.4 Os componentes da instalação são considerados apenas no que concerne à sua seleção e condições de instalação [...]. (ABNT, 2004)

A Norma também especifica as instalações às quais não pode ser aplicada. Estas incluem: tração elétrica, veículos automotores, embarcações e aeronaves, iluminação pública, redes de distribuição de energia elétrica, instalações contra quedas diretas de raios, minas e cercas eletrificadas.

A Norma não dispensa a utilização concomitante de normas complementares de acordo com as especificidades. Nesse quesito, a Norma apresenta uma relação de normas utilizadas como referência, entre elas: ABNT NBR 5361:1998 – Disjuntores de baixa tensão; ABNT NBR 5413:1992 – Iluminância de interiores – Procedimentos. Ressaltamos que tais normas estavam em vigor quando da publicação da Norma. No entanto, há uma recomendação para se verificar as edições atuais.

Ela pode ainda se submeter às normas de fornecimento de energia elétrica das empresas distribuidoras ou das autoridades reguladoras.

A Norma apresenta algumas definições para componentes de instalação, proteção contra choques elétricos, linhas elétricas e serviços de segurança. A seguir, apresentaremos essas definições.

4.1 Componentes da instalação

A Norma estabelece que os componentes de uma instalação elétrica podem ser:

- materiais, acessórios, dispositivos, instrumentos, equipamentos (de geração, conversão, transformação, transmissão, armazenamento, distribuição ou utilização de eletricidade), máquinas, conjuntos ou mesmo segmentos ou partes da instalação (por exemplo, linhas elétricas);
- quadro de distribuição principal, que consiste no quadro de distribuição instalado na entrada da edificação ou quando este for o único quadro da distribuição.

Uma vez conhecidos os componentes de uma instalação elétrica, trataremos dos conceitos de proteção das instalações contra choques elétricos.

4.2 Proteção contra choques elétricos

Choque elétrico consiste em uma perturbação, de natureza e efeitos diversos, que se manifesta no organismo humano ou animal quando este é percorrido por uma corrente elétrica. Os efeitos indesejáveis observados nos seres humanos dependem de alguns fatores, como o tipo de contato (direto ou indireto) e o tempo do contato. O contato direto provém, na maioria das vezes, de acidentes em que o homem toca alguma parte energizada de uma instalação elétrica. Por sua vez, o contato indireto pode ser ocasionado por alguma falha no isolamento da instalação.

As definições a seguir constam da Norma.

3.2 Proteção contra choques elétricos

3.2.1 **elemento condutivo ou parte condutiva**: Elemento ou parte constituída de material condutor, pertencente ou não à instalação, mas que não é destinada normalmente a conduzir corrente elétrica.

3.2.2 **proteção básica**: Meio destinado a impedir contato com as partes vivas perigosas em condições normais.

3.2.3 **proteção supletiva**: Meio destinado a suprir a proteção contra choques elétricos quando massas ou partes condutivas acessíveis tornam-se acidentalmente vivas.

3.2.4 **proteção adicional**: Meio destinado a garantir a proteção contra choques elétricos em situações de maior risco de perda ou anulação das medidas normalmente aplicáveis, de dificuldade no atendimento pleno das condições de segurança associadas a determinada medida de proteção e/ou, ainda, em situações ou locais em que os perigos do choque elétrico são particularmente graves.

3.2.5 **dispositivo de proteção a corrente diferencial-residual** ([...]dispositivo DR): Dispositivo de seccionamento mecânico ou associação de dispositivos destinada a provocar a abertura de contatos quando a corrente diferencial-residual atinge um valor dado em condições especificadas.

[...]

3.2.6 **SELV** (do inglês "separated extra-low voltage"): Sistema de extrabaixa tensão que é eletricamente separado da terra, de outros sistemas e de tal modo que a ocorrência de uma única falta não resulta em risco de choque elétrico.

3.2.7 **PELV** (do inglês "protected extra-low voltage"): Sistema de extrabaixa tensão que não é eletricamente separado da terra mas que preenche, de modo equivalente, todos os requisitos da SELV. (ABNT, 2004)

A Norma define, ainda, os termos relacionados à proteção contra choques elétricos e à proteção contra sobretensões e perturbações eletromagnéticas.

3.3.1 **equipotencialização**: Procedimento que consiste na interligação de elementos especificados, visando obter a equipotencialidade necessária para os fins desejados. Por extensão, a própria rede de elementos interligados resultante.

[...]

3.3.2 **barramento de equipotencialização principal (BEP)**: Barramento destinado a servir de via de interligação de todos os elementos incluíveis na equipotencialização principal.

[...]

3.3.3 **barramento de equipotencialização suplementar ou barramento de equipotencialização local (BEL)**: Barramento destinado a servir de via de interligação de todos os elementos incluíveis numa equipotencialização suplementar ou equipotencialização local.

3.3.4 **equipamento de tecnologia da informação (ETI)**: Equipamento concebido com o objetivo de:

a) receber dados de uma fonte externa [...];

b) processar os dados recebidos [...];

c) fornecer dados de saída [...]. (ABNT, 2004)

Na seção seguinte, apresentaremos o conceito de linhas elétricas disposto na Norma.

4.3 Conceito de linhas elétricas

Como *linhas elétricas*, podemos considerar todos os condutores que se destinam a conduzir energia elétrica ou sinais elétricos. Além dos condutores, podem ser incluídos seus respectivos elementos de fixação e suporte, como isoladores, e os condutores em eletrodutos, eletrocalhas e bandejas.

Conforme a Norma, temos as seguintes definições:

3.4.1 **linha (elétrica) de sinal**: Linha em que trafegam sinais eletrônicos, sejam eles de telecomunicações, de intercâmbio de dados, de controle, de automação etc.

3.4.2 **linha externa**: Linha que entra ou sai de uma edificação, seja a linha de energia, de sinal, uma tubulação de água, de gás ou de qualquer outra utilidade.

3.4.3 **ponto de entrega**: Ponto de conexão do sistema elétrico da empresa distribuidora de eletricidade com a instalação elétrica da(s) unidade(s) consumidora(s) e que delimita as responsabilidades da distribuidora, definidas pela autoridade reguladora.

> 3.4.4 **ponto de entrada (numa edificação)**: Ponto em que uma linha externa penetra na edificação.
>
> [...]
>
> 3.4.5 **ponto de utilização**: Ponto de uma linha elétrica destinado à conexão de equipamento de utilização.
>
> [...]
>
> 3.4.6 **ponto de tomada**: Ponto de utilização em que a conexão do equipamento ou equipamentos a serem alimentados é feita por meio de tomada de corrente [...]. (ABNT, 2004)

Em uma instalação elétrica, além dos componentes apresentados até aqui, é necessário prever sistemas de segurança, como veremos a seguir.

4.4 Serviços de segurança

A Norma define como *serviços de segurança* todos os serviços essenciais em uma edificação que se destinam à "segurança das pessoas" e a "evitar danos ao ambiente ou aos bens" (ABNT, 2004).

Segundo a Norma, são exemplos de serviços de segurança:

- a iluminação de segurança ("iluminação de emergência"),
- bombas de incêndio,
- elevadores para brigada de incêndio e bombeiros,
- sistemas de alarme, como os de incêndio, fumaça, CO, e intrusão,
- equipamentos médicos essenciais. (ABNT, 2004)

A Norma também se refere aos tipos de alimentação, conforme segue:

> 3.5.2 **alimentação ou fonte normal**: Alimentação ou fonte responsável pelo fornecimento regular de energia elétrica.
>
> [...]
>
> 3.5.3 **alimentação ou fonte de reserva**: Alimentação ou fonte que substitui ou complementa a fonte normal.
>
> 3.5.4 **alimentação ou fonte de segurança**: Alimentação ou fonte destinada a assegurar o fornecimento de energia elétrica a equipamentos essenciais para os serviços de segurança. (ABNT, 2004)

Os pontos apresentados neste capítulo são suficientes para o entendimento da ABNT NBR 5410:2004 referente às instalações elétricas de baixa tensão. No entanto, visando complementar o conteúdo apresentado, daremos alguns destaques para os anexos contidos na Norma.

4.5 Anexos da Norma

Conforme afirmamos no início deste capítulo, a Norma traz anexos em sua estrutura, sendo alguns de caráter normativo e outros de caráter informativo. No Anexo A, de caráter normativo, são abordadas as faixas de tensão, considerando-se sistemas diretamente aterrados e não aterrados e, para cada tipo, são considerados sistemas de corrente alternada ou contínua, com os respectivos valores de tensão entre fase e terra e entre fases.

No Anexo B, também de caráter normativo, são abordados os meios de proteção básica (contra choques elétricos), utilizando-se isolação (básica) das partes vivas e barreiras ou invólucros.

No Anexo C, igualmente de caráter normativo, são citadas influências externas e proteção contra choques elétricos. São apresentadas as condições de influências externas determinantes e a combinação dessas com situações possíveis. Por fim, são estabelecidos alguns limites de tensão de contato.

Por sua vez, no Anexo D, de caráter informativo, é abordada a proteção de condutores em paralelo contra sobrecorrentes. São consideradas as condições para proteção contra sobrecarga de condutos de condutores em paralelo e proteção contra curtos-circuitos de condutores em paralelo.

O Anexo E, também de caráter informativo, traz as categorias de suportabilidade a impulsos (categoria de sobretensões ou, ainda, níveis de proteção contra surtos). As categorias são indicadas em ordem crescente de suportabilidade, a saber, I, II, III e IV.

No contexto informativo, assim como o anexo subsequente, o Anexo F aborda a determinação da seção do condutor neutro quando o conteúdo de terceira harmônica das correntes de fase for superior a 33%, considerando os cálculos para determinação da corrente do neutro e os casos de condutores isolados ou cabos unipolares e casos de cabos tetra e pentapolares.

O Anexo G aborda a equipotencialização principal, considerando-se situações em que todos os elementos concentram-se aproximadamente em um mesmo ponto, ou seja, as linhas convergem para esse ponto e os outros elementos da edificação são também acessíveis.

O Anexo H, de caráter normativo, traz os métodos para verificação da atuação de dispositivos na corrente diferencial-residual (DR).

Os Anexos J, K e L, todos de caráter normativo, apresentam, respectivamente, os métodos para medição da resistência de aterramento,

A ABNT NBR 5410:2004

métodos para medição da impedância do percurso da corrente de falta e métodos para medição da resistência dos condutores de proteção.

O último anexo, também de caráter normativo, Anexo M, apresenta os procedimentos e recomendações para a realização de ensaios de tensão aplicada.

Síntese

```
         ABNT NBR 5410:2004
                 │
                 ▼
  Objetivos
  Componentes da instalação
  Proteção contra choques elétricos
  Linhas elétricas
  Anexos
```

Questões para revisão

1. Assinale V nas afirmações verdadeiras e F nas falsas:

    ( ) A ABNT NBR 5410:2004 se aplica a instalações cuja tensão nominal é menor ou igual a 1000 V (CA) e frequências inferiores a 400 Hz ou 1500 V (CC).

    ( ) A Norma dispensa o uso de normas complementares.

    ( ) A Norma se aplica a edificações residenciais e comerciais.

    ( ) A Norma se aplica apenas a edificações industriais.

    ( ) A Norma não se aplica a edificações, como canteiros de obra, feiras, exposições e instalações temporárias.

    ( ) A Norma não dispensa as regulamentações das concessionárias locais.

    Assinale a alternativa que apresenta a sequência correta:

    a) V, V, F, V, V, V.
    b) F, F, V, F, F, V.
    c) V, V, V, F, F, V.
    d) V, F, V, F, F, V.
    e) F, F, V, F, V, F.

2. Complete a coluna à direita da tabela a seguir com as alternativas correspondentes às afirmações contidas na coluna à esquerda:

    I) Componentes da instalação
    II) Sistema de segurança
    III) Choque elétrico
    IV) Ponto de entrega em edificação

Afirmações	Alternativas
Ponto em que uma linha externa penetra na edificação.	
Quadro de distribuição principal.	
Tem objetivo de evitar danos ao ambiente ou aos bens, bem como a equipamentos médicos essenciais.	
O contato direto provém, na maioria das vezes, de acidentes em que o homem toca alguma parte energizada de uma instalação elétrica.	

Assinale a alternativa que apresenta a sequência correta de preenchimento:
a) IV, I, II, III.
b) I, III, II, IV.
c) IV, III, II, I.
d) II, I, IV, III.
e) IV, I, III, II.

3. Assinale a alternativa **incorreta**:
   a) Elemento condutivo ou parte condutiva: elemento ou parte constituída de material condutor pertencente exclusivamente à instalação e que se destina a conduzir corrente elétrica.
   b) Proteção básica: meio destinado a impedir contato com as partes vivas perigosas em condições normais.
   c) Proteção supletiva: meio destinado a suprir a proteção contra choques elétricos quando massas ou partes condutivas acessíveis tornam-se acidentalmente vivas.
   d) Proteção adicional: meio destinado a garantir a proteção contra choques elétricos em situações de maior risco de perda ou anulação das medidas normalmente aplicáveis, de dificuldade no atendimento pleno das condições de segurança associadas a determinada medida de proteção e/ou, ainda, em situações ou locais em que os perigos do choque elétrico são particularmente graves.

4. A quais situações se aplica a ABNT NBR 5410:2004?

5. Diferencie, com exemplos, choque por contato direto de choque por contato indireto.

Questão para reflexão

1. Relacione os pontos principais das normas que dão suporte à Norma 5410:2004 no que se refere a:
   a) Proteção de estrutura contra descargas atmosféricas – procedimento.
   b) Disjuntores de baixa tensão.
   c) Redes telefônicas internas em prédios.
   d) Instalações elétricas em locais de afluência de público – requisitos específicos.
   e) Proteção elétrica e compatibilidade eletromagnética em redes internas de telecomunicações em edificações – projetos.
   f) Segurança em instalações e serviços de eletricidade.
   g) Máquinas e equipamentos.

Para saber mais

A seguir, sugerimos que você consulte a ABNT NBR 5410:2004 para melhor entendimento dos conceitos resumidos neste capítulo:

ABNT – Associação Brasileira de Normas Técnicas. **NBR 5410**: instalações elétricas de baixa tensão. Rio de Janeiro, 2004.

5.

Planejamento das instalações elétricas

Conteúdos do capítulo:

- Projeto de instalações elétricas.
- Fornecimento de energia.
- Etapas de projeto.
- Previsão de carga.
- Circuitos de iluminação.
- Circuitos de tomadas.
- Divisão das instalações em circuitos.

Após o estudo deste capítulo, você será capaz de:

1. identificar as condições iniciais de fornecimento;
2. compreender o conceito de projeto;
3. verificar os requisitos necessários para a elaboração de um projeto de instalações elétricas;
4. definir o iluminamento necessário para a execução de tarefas específicas;
5. determinar circuitos de tomadas;
6. dividir as instalações elétricas em circuitos;
7. dimensionar os condutores elétricos da instalação;
8. identificar a simbologia utilizada na representação de circuitos de iluminação e tomadas;
9. desenvolver um diagrama unifilar.

Planejamento das instalações elétricas

No Capítulo 3, detalhamos o percurso da energia desde a geração até a distribuição. Agora, o objetivo é que você entenda o processo de fornecimento de energia ao consumidor para prover a instalação de iluminação e equipamentos elétricos em instalações industriais.

Existem legislações específicas que direcionam as empresas concessionárias de energia na distribuição e comercialização da energia elétrica. Algumas informações preliminares devem ser levantadas para iniciar o processo de fornecimento, como a carga instalada, a demanda, as tensões primárias e secundárias de distribuição.

Podemos definir **carga instalada** como a somatória das potências nominais de todos os equipamentos elétricos instalados na unidade consumidora, de modo que estejam em condições de uso. Do mesmo modo, conceituamos **demanda** como a média das potências elétricas ativas ou reativas solicitadas ao sistema elétrico pela parcela da carga elétrica instalada em operação na unidade consumidora durante um intervalo de tempo especificado.

O consumidor deve informar à empresa distribuidora a tensão e a demanda que serão contratadas. Desse modo, a empresa distribuidora faz chegar a energia até o consumidor. A empresa distribuidora assume todas as obrigações quanto ao fornecimento, à operação e à manutenção do sistema elétrico até o ponto de entrega, no qual se encerra a responsabilidade da empresa distribuidora. O fornecimento deve garantir a acessibilidade, a flexibilidade e a confiabilidade. Na etapa preliminar de projeto, é necessário planejar se a entrada de energia para o consumidor se dará em uma cabine, uma subestação ou padrão, levando em consideração se será aérea ou subterrânea.

Ainda na etapa preliminar, é importante identificar as cargas, principalmente quando se trata de motores. Nesse caso, deve-se verificar, nos manuais desses equipamentos, informações como: potência, tensão, corrente, frequência, número de polos, número de fases, ligações possíveis e regime de funcionamento. Há outras cargas críticas que devem ser identificadas – por exemplo, fornos a arco, máquinas especiais, aparelhos de raio X, apenas para citar alguns.

5.1 O projeto

Em instalações elétricas, o termo *projeto* significa selecionar, dimensionar e localizar de forma racional os equipamentos e outros componentes necessários para fazer a transferência de energia de modo seguro, desde uma fonte até os pontos de utilização.

O projeto de instalações elétricas é realizado mediante a apresentação de uma planta baixa arquitetônica e de uma planta baixa com a disposição de maquinários. Devem ser consideradas também previsões de expansões futuras, além de estar contemplados os setores e/ou equipamentos que necessitam de alimentação de segurança e de iluminação de segurança.

O projeto de instalações elétricas deve prever: a quantificação da instalação; o esquema básico da instalação (diagrama unifilar); a seleção e o dimensionamento dos componentes, das especificações e da contagem dos componentes; e, por fim, o orçamento e o cronograma da obra, se forem solicitados.

5.1.1 Fatores de projeto

Alguns fatores podem ser utilizados na fase de cálculos tendo em vista ajustes a determinadas categorias do projeto de instalações elétricas. Esses fatores são: de utilização, de demanda, de diversidade e de carga, conforme explicitamos a seguir.

O **fator de utilização** (u) é definido como a razão da potência efetivamente absorvida (potência de trabalho) pela potência nominal. Assim, o fator de utilização sempre será menor ou igual a 1. Para podermos empregar o fator de utilização, é necessário termos bom conhecimento das condições de uso do equipamento, pois o uso inadequado pode levar a subdimensionamentos nos projetos. Para iluminação, recomenda-se considerar u igual a 1. Já para motores, os valores de u podem variar de 0,3 a 0,8.

O **fator de demanda** (g) corresponde à razão entre a soma das potências nominais de um conjunto de equipamentos que funcionam simultaneamente e a potência instalada desse conjunto. Esse fator (g) será sempre menor ou igual a 1. Usualmente, esse fator é utilizado nos quadros de distribuição.

O **fator de diversidade** (d) é a razão da soma das demandas máximas dos diversos conjuntos de cargas ligadas ao ponto de distribuição pela demanda máxima do ponto de distribuição. Nesse caso, d poderá assumir valores maiores ou iguais a 1.

O **fator de carga** (c) é definido como a razão da demanda média pela demanda máxima em um período t, tal que c pode assumir valores menores ou iguais a 1.

Os referidos fatores de projeto apresentam valores tabelados de acordo com o tipo de atividade da empresa e sua carga instalada. No entanto, os especialistas recomendam que o projetista tenha pleno domínio do assunto em questão para poder realizar uma análise crítica e propor alterações com base em observações e na experiência.

5.1.2 Análise inicial

Antes de dar início à quantificação, à especificação e ao desenvolvimento do esquema básico da instalação elétrica, o projetista deve atentar para algumas etapas fundamentais.

Planejamento das instalações elétricas

Primeiramente, é recomendável partir de uma entrevista com o cliente (aquele que encomenda o projeto), visando esclarecer pontos fundamentais, como: a função de cada área da edificação, conforme consta no projeto arquitetônico; o *layout* de máquinas; a verificação de setores que necessitam de iluminação de segurança; os equipamentos que necessitam de alimentação de segurança; os setores que necessitam de energia de substituição, entre outros.

O projetista precisa ter em mente que a edificação é composta por outras instalações, como rede hidráulica, rede de gás, rede de climatização, rede de comunicação etc., razão por que estas precisam ser identificadas. Do mesmo modo, vigas, lajes e outras barreiras para a passagem dos circuitos elétricos devem ser localizadas, além de identificados os fatores externos que podem influenciar o projeto.

É de fundamental importância determinar os tipos de linhas elétricas a serem utilizadas. Podem ser considerados cabos em bandejas, em eletrodutos embutidos, em eletrodutos aparentes ou em barramentos blindados.

5.1.3 Quadro de distribuição

Após a análise inicial, pode-se desenvolver a quantificação da instalação elétrica. Essa etapa consiste em determinar a iluminação de todas as áreas e a marcação de todos os pontos de luz. Do mesmo modo, é preciso determinar as tomadas de corrente de uso geral e específico.

Em seguida, a instalação deve ser dividida em setores e subsetores. Em uma indústria, por exemplo, há uma ou mais áreas de produção, diversas subáreas de produção, almoxarifado, área administrativa, entre outras. Assim, os centros de carga dos setores e subsetores devem ser localizados, uma vez que os centros de carga são, teoricamente, os pontos que concentram toda a carga de determinada área. Nesse ponto, localiza-se o quadro de distribuição (QD), o quadro de luz ou o centro de comando de motores (CCM). Na prática, um projeto de instalações elétricas pode ter diversos centros de carga. A cada QD, é necessário associar um valor de potência instalada e de potência de alimentação (demanda).

Desse modo, é possível calcular as potências instaladas e de alimentação dos setores, subsetores e global. Para isso, é necessário considerar que, para o conjunto de pontos de utilização:

- a potência instalada será a soma das $P_{nominais}$ dos diversos pontos;
- a potência de alimentação será a aplicação dos fatores de projetos convenientes à potência instalada.

Após a etapa de cálculos das instalações elétricas, deve-se traduzir iluminação, tomadas, circuitos e comandos em uma representação que possibilite o entendimento físico das instalações elétricas. Por isso, apresentamos a seguir como se desenvolve um esquema básico de instalação ou diagrama unifilar.

5.1.4 Esquema básico da instalação

Essa etapa é fundamental para um projeto de instalações, pois visa ao desenvolvimento do diagrama unifilar da instalação. O diagrama unifilar se dá após a quantificação dos pontos de luz e tomadas de uso geral e específico e o agrupamento das cargas em circuitos. Normalmente, os circuitos de iluminação são separados dos circuitos de tomada de uso geral. Os circuitos de tomadas de uso específico são exclusivos.

Para fazer o traçado do diagrama unifilar, é necessário conhecer a simbologia gráfica que representa os elementos que compõem o projeto de instalações elétricas, como pontos de luz, interruptores, tomadas, quadro de luz, eletrodutos, entre outros. Após o agrupamento dos circuitos, é possível dimensionar os dispositivos de proteção e os componentes do QD. O Quadro 5.1 apresenta a simbologia gráfica utilizada nos diagramas unifilares.

Quadro 5.1
Simbologia utilizada nos diagramas unifilares

Símbolo	Descrição
⊖	Ponto de luz incandescente
▭⊖▭	Ponto de luz fluorescente
⊠	Ponto de luz de segurança
♂	Interruptor simples
⌇♂	Interruptor paralelo
▯	Fusível
△	Tomada bipolar
▲	Tomada de força trifásica
———	Eletroduto embutido em teto ou parede
- - - - -	Eletroduto aparente
-··-··-··	Eletroduto no piso
⊢⊢⊥⊤	Condutores fase, neutro, retorno e terra em eletroduto
■	Quadro de distribuição
Ⓜ	Motor

Planejamento das instalações elétricas

Ao final, são obtidos os seguintes documentos: plantas; esquemas unifilares e outros, quando aplicáveis; detalhes de montagem, quando necessários; memorial descritivo da instalação; especificação dos componentes (descrição, características nominais e normas que devem ser atendidas); parâmetros de projeto (correntes de curto-circuito, queda de tensão, fatores de demanda considerados, temperatura ambiente etc.).

5.2 Iluminação

Os recintos industriais devem ser suficientemente iluminados a fim de obter o melhor rendimento possível nas tarefas a executar. O nível de detalhamento das tarefas exige um iluminamento adequado para se ter uma percepção visual apurada.

Um bom projeto de iluminação, em geral, requer a adoção dos seguintes pontos fundamentais:

- nível de iluminamento suficiente para cada atividade específica;
- distribuição espacial da luz para o ambiente;
- escolha da cor da luz para o ambiente;
- tipo de execução das paredes e dos pisos;
- iluminação de acesso;
- iluminação de emergência.

Como afirmamos anteriormente, é importantíssimo dispor das plantas da arquitetura da edificação para identificar os detalhes no momento de posicionar os pontos de luz. Fatores como a área do recinto, a altura do pé-direito, a existência de vigas de concreto etc. influenciam na disposição e no alinhamento dos pontos de luz. Em indústrias de grande porte, a existência de pontes rolantes e grandes máquinas deve ser analisada antecipadamente.

Em alguns casos, é necessário complementar a iluminação do recinto para atender às exigências de percepção visual de atividades peculiares no processo industrial. Assim, deve-se prever aparelhos de iluminação em pontos específicos e, muitas vezes, na estrutura da própria máquina.

Em uma planta industrial, além do projeto de iluminação do recinto de produção propriamente dito, é preciso, ainda, desenvolver o projeto de iluminação dos escritórios, almoxarifados, laboratórios, entre outros.

5.2.1 Conceitos básicos sobre iluminação

Antes de iniciarmos a detalhar os procedimentos para o desenvolvimento de um projeto de iluminação, é necessário termos um bom entendimento de alguns conceitos básicos, conforme seguem.

- **Luz:** É a energia radiante que pode ser sentida pelos olhos humanos, em faixas de radiação de comprimento de onda situados entre 3 800 a 7 600 Ångströms (Å).

- **Cor**: É determinada pelo comprimento de onda.
- **Fluxo luminoso ou potência luminosa** (ɵ): É igual à energia radiante que afeta a sensibilidade do olho humano durante um segundo. A unidade é lúmen (lm).
- **Rendimento luminoso** (η): É a relação entre o fluxo luminoso total emitido e a potência total absorvida pela fonte de luz. A unidade é lúmen por Watt (lm/W).
- **Quantidade de luz** (Q): É o fluxo luminoso total emitido na unidade de tempo. Sua unidade é apresentada em lúmen-hora (lmh).
- **Iluminância** (E): É a relação entre o fluxo luminoso que atinge uma superfície e a área dessa superfície. Como o fluxo luminoso não é distribuído uniformemente, a iluminância não é a mesma em todos os pontos da área em questão. Considera-se, por isso, um valor de iluminância média (Em). A unidade é lux (ℓx), sendo E = ɵ/S, ou seja, 1 ℓx = 1 ℓm/m².

5.2.2 Lâmpadas e luminárias

O objetivo do projeto de iluminação, ou luminotécnica, é prever os pontos de luz e sua respectiva potência de iluminação. Para isso, faz-se necessário entender um pouco sobre as lâmpadas e luminárias, uma vez que sua escolha traz consequências diretas para o resultado do projeto.

Usualmente, as lâmpadas são divididas em três categorias:
- incandescentes;
- de descarga;
- de LED.

O processo de funcionamento de uma lâmpada incandescente, como o nome indica, tem como base o aquecimento de um filamento elétrico até que este chegue ao ponto de emitir uma radiação visível (incandescência). Esse filamento, que pode ser de tungstênio, encontra-se no interior de um bulbo de vidro (transparente ou leitoso) e apresenta um ponto de fusão muito alto (acima de 3000 °C); porém, esse ponto é difícil de ser atingido. Por motivos de uso racional de energia, as lâmpadas incandescentes estão deixando de ser usadas para alguns fins devido à grande dissipação de calor, que representa perdas, ou seja, energia que não é transformada em luz.

Já as lâmpadas de descarga apresentam um modo diferente de funcionamento: a produção de luz ocorre pela condução de uma carga elétrica contínua em um meio em que há gás ou vapor ionizado, muitas vezes em combinação com a luminescência de fósforos excitados pela radiação da descarga. Essas lâmpadas necessitam de um dispositivo auxiliar, o reator, que consiste em uma bobina com núcleo de ferro e que tem dupla função: produzir sobretensão e limitar a corrente na partida. Os principais tipos de lâmpadas de descarga são:

- lâmpadas de baixa pressão – fluorescentes e de vapor de sódio;
- lâmpadas de alta pressão – de vapor de mercúrio, de vapor metálico, de luz mista e de vapor de sódio.

O diodo emissor de luz (*light emitting diode* – LED) é um componente eletrônico composto por materiais semicondutores que têm a capacidade de captar um sinal elétrico, transformando-o em luz. Os LEDs energizados emitem uma luz visível, por meio de um fenômeno chamado *eletroluminescência*.

Na maioria das aplicações da eletrônica, os diodos são compostos de silício ou germânio. No entanto, os LEDs de silício e germânio apresentam valor elevado de perdas na forma de calor, de forma que a luz emitida é de baixa eficiência. Assim, a indústria da iluminação optou por utilizar, na composição dos LEDs, o fosfeto de gálio ou o arsenieto de gálio, os quais apresentam maior eficiência luminosa. Os LEDs são componentes de dimensões reduzidas e se apresentam encapsulados em um invólucro de cristal.

Por muito tempo, os LEDs foram utilizados nos *displays* de aparelhos eletroeletrônicos, tendo como função a sinalização (por exemplo, ligado ou desligado) e, normalmente, apresentavam-se nas cores verde e vermelha. Atualmente, para a produção da luz branca, é possível combinar, em um mesmo invólucro, LEDs vermelho, verde e azul (RGB). Outro método consiste na utilização do LED azul para excitar o fósforo que, por sua vez, emite luz branca.

Os LEDs são muito mais eficientes em termos energéticos do que as lâmpadas fluorescentes e têm vida útil mais longa. O grande desafio da atualidade consiste em tornar as lâmpadas de LED mais acessíveis economicamente. No entanto, um simples cálculo pode indicar que o investimento pode ser recuperado em um curto período, visto que a durabilidade varia na faixa de 50 mil horas e consome, em média, 80% menos energia.

As lâmpadas de LED não requerem trocar a instalação existente (luminárias e acessórios complementares), porque são de fácil substituição e podem ser utilizadas em praticamente qualquer aplicação, como: depósitos, galpões industriais, supermercados, estabelecimentos comerciais, residências, restaurantes, hotéis, jardins, fachadas e, inclusive, na iluminação pública.

Algumas vantagens adicionais podem ser atribuídas às lâmpadas de LED:
- O acionamento e o comando podem ser programados, pois os LEDs apresentam os mesmos princípios dos *chips* de computadores.
- A luz do LED não emite raios ultravioleta (UV) nem infravermelhos (IV).

- Essas lâmpadas não apresentam mercúrio em sua composição.
- O LED tem baixo nível de emissão de CO_2.
- Apresenta baixo custo de manutenção.
- Esse material é de fácil reciclagem.

Nos projetos de iluminação, deve-se prever que as lâmpadas serão instaladas em luminárias, as quais têm um papel importante, porque, além de servirem como suporte para as lâmpadas, ainda auxiliam no controle e na distribuição da iluminação. Outras funcionalidades são atribuídas às luminárias, como prover a manutenção da temperatura de operação da lâmpada dentro dos limites estabelecidos e facilitar a instalação e a manutenção.

Há uma vasta gama de luminárias, a saber: comercial, industrial, para iluminação de emergência, para iluminação pública, para projetores, para fins decorativos, entre outros.

O interessante é que, em uma luminária, é possível instalar mais de uma lâmpada; assim sendo, temos que:

$$\text{Rendimento da luminária} = \frac{\theta_{\text{luminária}}}{\sum \theta_{\text{lâmpadas}}} \quad (5.1)$$

Considerando o que foi exposto até aqui, podemos citar os seguintes fatores que influenciam a qualidade de um projeto de luminotécnica:

- Escolha da lâmpada e da luminária adequada.
- Cálculo da quantidade de luminárias.
- Disposição das luminárias no recinto.
- Cálculo de viabilidade econômica.

A Norma ABNT NBR ISO/CIE 8995-1 apresenta as referências normativas para projetos de iluminação. De acordo com essa norma,

> Uma boa iluminação propicia a visualização do ambiente, permitindo que as pessoas vejam, se movam com segurança e desempenhem tarefas visuais de maneira eficiente, precisa e segura, sem causar fadiga visual e desconforto. [...] Uma boa iluminação requer igual atenção para a quantidade e qualidade da iluminação. Embora seja necessária a provisão de uma iluminância suficiente em uma tarefa, em muitos exemplos a visibilidade depende da maneira pela qual a luz é fornecida, das características da cor da fonte de luz e da superfície em conjunto como nível de ofuscamento do sistema. (ABNT, 2013b)

Para o melhor desenvolvimento de um projeto de luminotécnica, é necessário o entendimento dos conceitos de luminância, iluminância, ofuscamento e aspectos da cor, como veremos a seguir.

5.2.3 Luminância, iluminância, ofuscamento e aspectos da cor

Na Norma ABNT ISO/CIE 8995-1, são apresentados os requisitos necessários para garantir boa iluminação nos locais de trabalho, respeitando-se a segurança, a saúde e o desempenho do trabalho executado, desde que as condições visuais confortáveis sejam garantidas.

Conforme a citada norma (ABNT, 2013b), a iluminação dos locais de trabalho deve garantir:

- conforto visual (sensação de bem-estar);
- desempenho visual (possibilidade de realizar as tarefas visuais, como tarefas que exigem precisão e velocidade);
- segurança visual (identificação de perigos ao redor da tarefa executada).

Desse modo, deve-se atentar para alguns parâmetros, como a distribuição da luminância, a iluminância, o ofuscamento, entre outros.

"A distribuição da luminância no campo de visão controla o nível de adaptação dos olhos, o qual afeta a visibilidade da tarefa" (ABNT, 2013b). Desse modo, para projetar um ambiente com nível de luminância balanceado, é preciso garantir uma boa acuidade (nitidez) visual, aliada à sensibilidade, ao contraste e à eficiência das funções oculares. Ainda nesse contexto, é necessário evitar que haja luminâncias variadas no campo de visão, como: luminâncias e contrastes de luminâncias muito altos (porque podem causar ofuscamento e fadiga visual); luminâncias e contrastes muito baixos (porque podem causar um ambiente desestimulante); e diferença de luminâncias nas partes internas de uma edificação.

De acordo com a Norma ABNT NBR ISO/CIE 8995-1, as luminâncias de todas as superfícies são importantes e determinadas pela refletância e iluminância nas superfícies. As faixas de refletância úteis para as superfícies internas mais importantes são:

- teto – 0,6 a 0,9;
- paredes – 0,3 a 0,8;
- planos de trabalho – 0,2 a 0,6;
- piso – 0,1 a 0,5.

O nível de iluminamento ou iluminância (lux) é um fator que influencia na qualidade da iluminação e possui valores predefinidos de acordo com a tarefa a ser executada no recinto a ser iluminado.

Na mesma Norma afirma-se que: "a iluminância e sua distribuição nas áreas de trabalho e no entorno imediato têm um maior impacto em como uma pessoa percebe e realiza a tarefa visual de forma rápida, segura e confortável" (ABNT, 2013).

Devemos entender por *tarefa visual* "os elementos visuais da tarefa a ser realizada" e por *entorno imediato*, "uma zona de no mínimo 0,5 m de largura ao redor da área da tarefa dentro do campo de visão" (ABNT, 2013b).

Essa norma determina a iluminância média para tipos de tarefas, considerando-se a idade das pessoas que executam a tarefa e as condições do recinto. Os valores de iluminância são especificados para garantir condições visuais normais, levando-se em conta: "requisitos para a tarefa visual; segurança; aspectos psicofisiológicos; economia; experiência prática" (ABNT, 2013b).

No entanto, em condições visuais anormais, os valores de iluminância podem ser ajustados em pelo menos um nível superior ou inferior na escala de iluminância. Por exemplo, podemos considerar *situações anormais* aquelas em que:

- o trabalho visual é crítico;
- há baixo nível de contraste presente na tarefa executada;
- custa caro corrigir os erros;
- exatidão e produtividade são importantes;
- a capacidade de visão dos trabalhados está abaixo do normal.

Nas condições relatadas anteriormente, a iluminância pode ser ajustada para um nível superior.

De modo semelhante, é possível reduzir o nível de iluminância nas situações em que:

- existem detalhes excepcionalmente grandes e de alto contraste;
- a tarefa é realizada por um tempo excepcionalmente curto, considerando-se que, em áreas em que o trabalho realizado é contínuo, a iluminância não pode ser inferior a 200 lux.

Nos projetos de iluminação, deve-se garantir que não haverá mudanças drásticas entre as iluminâncias da área em que a tarefa é realizada e o entorno imediato. Podemos considerar que as áreas do entorno imediato podem ter uma iluminância mais baixa do que a área da tarefa, desde que sejam respeitados os valores que se apresentam na Tabela 5.1.

Tabela 5.1
Iluminância da tarefa e do entorno imediato

Iluminância da tarefa (lux)	Iluminância do entorno imediato (lux)
≥ 750	500
500	300
300	200
≤ 200	Mesma iluminância da área da tarefa

Fonte: Adaptado de ABNT, 2013b.

O projeto deve assegurar uniformidade da iluminância, entendida como a razão entre o valor mínimo e médio. Outros aspectos a serem observados são que a uniformidade na tarefa não pode ser inferior a 0,7 e, no entorno imediato, não pode ser inferior a 0,5. Dessa forma, garante-se que a iluminância não tenha variações bruscas.

Situações extremas, como ofuscamento, devem ser evitadas ao máximo, pois, além de causar fadigas, podem levar o trabalhador a cometer erros e até causar acidentes. "O ofuscamento é a sensação visual produzida por áreas brilhantes dentro do campo de visão e pode ser experimentado tanto como um ofuscamento desconfortável quanto um ofuscamento inabilitador" (ABNT, 2013b).

Em locais de trabalho, o ofuscamento desconfortável normalmente é proveniente de luminárias ou janelas. Por sua vez, o ofuscamento inabilitador é mais comum em áreas externas ou em áreas internas cujos níveis de ofuscamento desconfortável são extrapolados. O projeto de iluminação deve, portanto, evitar o ofuscamento em casos de interferência externa. Medidas de proteção devem ser previstas para não prejudicar a execução das tarefas.

Uma vez definidos os níveis de iluminância para cada tarefa, eles devem ser mantidos constantes no decorrer do tempo. No entanto, variações podem ocorrer devido às condições do ambiente em que estão instaladas as lâmpadas e luminárias e devido à sua manutenção. Desse modo, para fins de projeto, deve-se considerar um fator de manutenção maior ou igual a 0,7.

De modo geral, em um projeto de iluminação, há a preocupação de evidenciar as cores, de forma que sejam sempre reconhecíveis. Nesse contexto, pode-se empregar o índice geral de reprodução de cor (R_a), cujo valor máximo é 100, podendo apresentar valores menores com a diminuição de sua qualidade. Na escolha de lâmpadas para ambientes em que pessoas trabalham por longos períodos, recomenda-se não utilizar lâmpadas com R_a menor do que 80, salvo em casos excepcionais.

As informações apresentadas nesta seção podem ser consultadas também na tabela "Planejamento dos ambientes (áreas), tarefas e atividades com a especificação da iluminância (E), limitação de ofuscamento (UGRL) e qualidade da cor (Ra)", que consta na Norma ABNT NBR ISO/CIE 8995-1 Essa tabela apresenta os requisitos de iluminação recomendados para diversos tipos de ambientes/atividades e seus respectivos valores de iluminância (E) índice limite de ofuscamento (UGR_L) e índice de reprodução de cor mínimo (R_a).

Para praticar a determinação da iluminância de um recinto específico, apresentamos um exemplo a seguir.

Exemplo 1

Suponha que precisamos determinar a iluminância de um setor de montagem de circuitos digitais, sabendo que a velocidade e precisão da tarefa são importantes e que a idade dos trabalhadores é maior do que 40 anos.

De acordo com o item 7 – referente a Indústria elétrica –, subitem "Oficinas eletrônicas, ensaios e ajustes" da referida tabela, o valor de iluminância mínimo para o local em questão é de 1 500 lux. No entanto, considerando-se a necessidade de exatidão, o trabalho visual crítico e a visão do trabalhador abaixo do normal (em decorrência da idade), surge uma condição para o ajuste da iluminância para um nível superior. Nessas condições, 1 750 lux seria a iluminância ideal para o serviço de montagem de circuitos digitais.

5.2.4 Método de lúmens

Esse método permite determinar o θ necessário para obter um iluminamento médio no plano de trabalho, tal que:

$$\theta = \frac{S \cdot E}{u \cdot d} \tag{5.2}$$

em que θ é o fluxo total emitido pelas lâmpadas, em lúmens; E é o iluminamento médio requerido pelo ambiente a iluminar em lux; S é a área de recinto; em m², u é o fator de utilização do recinto e d é o fator de depreciação do serviço da luminária.

5.2.5 Determinação do número de luminárias

Podemos calcular o número de luminárias (N) da seguinte forma:

$$N = \frac{\theta}{n \cdot \varphi} \tag{5.3}$$

em que N é o número de luminárias; φ é o fluxo luminoso emitido por uma lâmpada, em lúmens; e n é o número de lâmpadas por luminária.

5.2.6 Disposição das luminárias

Para determinar a disposição das luminárias nos ambientes, deve-se seguir as regras apresentadas na Figura 5.1.

Figura 5.1
Disposição das luminárias

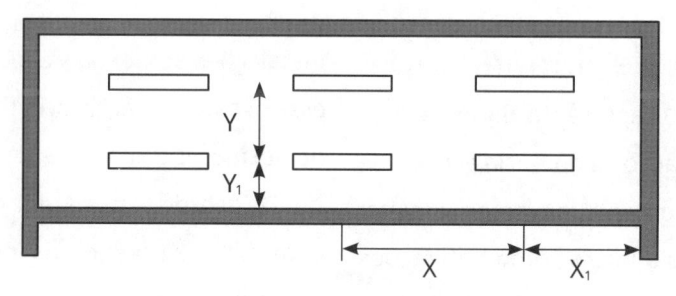

De acordo com a Figura 5.1, podemos afirmar que a distância das luminárias à parede (X_1, Y_1) deve ser pelo menos a metade da distância entre os respectivos centros das luminárias (X, Y): $X_1 \leq X/2$ e $Y_1 \leq Y/2$.

Cabe, então, disponibilizarmos mais um exemplo:

Planejamento das instalações elétricas

Exemplo 2

Foi-nos solicitado determinar a disposição de luminárias em um recinto cujo fluxo = 800 000 lúmens. O recinto tem 10 m de largura por 48 m de comprimento. Deseja-se instalar luminárias com disposição para acoplar 4 lâmpadas de 2 500 lúmens.

$N = 800\,000/4 \cdot 2\,500 \longrightarrow N = 80$ luminárias

Desse modo, a disposição das luminárias ficará como indicado na Figura 5.2.

Figura 5.2 – Distribuição da iluminação

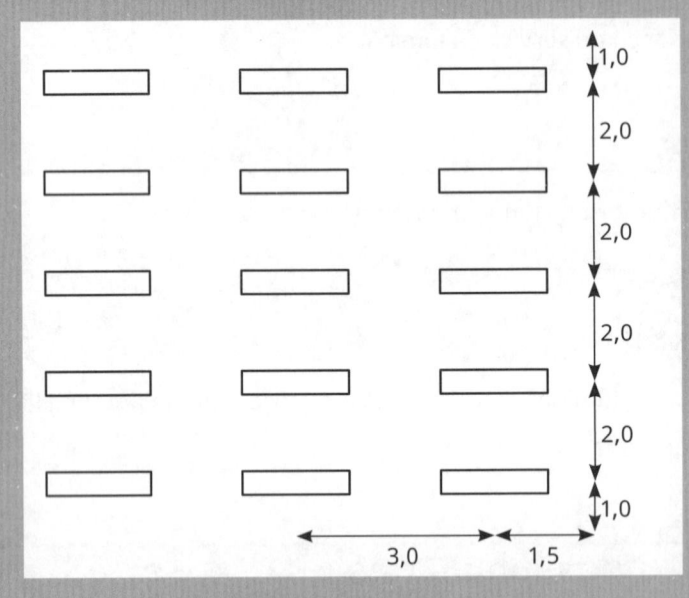

Será necessário instalar cinco conjuntos de luminárias na largura (com distâncias de 2 m entre os centros das luminárias e de 1 m entre o centro da luminária e a parede) e 16 conjuntos de luminárias no comprimento (com distâncias de 3 m entre o centro das luminárias e 1,5 m entre o centro da luminária e a parede).

5.2.7 Potência de iluminação

A ABNT NBR 5410:2004 apresenta alguns requisitos para a determinação da potência elétrica de uma instalação. No entanto, devemos ressaltar que ela só se aplica a locais como habitações (residências uni ou multifilares, hotéis, motéis etc.). Essa norma não estabelece requisitos para instalações comerciais e industriais, pois, para esses casos, é necessário utilizar os requisitos de normas internacionais.

De acordo com a ABNT NBR 5410:2004, para determinar a potência da instalação de iluminação, é necessário considerar a área (S) do local, de modo que:

- Para S ≤ 6 m², deve-se adotar 100 VA.
- Para S > 6 m², deve-se adotar 100 VA para os primeiros 6 m² e somar 60 VA para cada 4 m² inteiros.

Essa Norma ainda determina que é preciso prever pelo menos um ponto de luz no teto, comandado por um interruptor de parede.

Nesse ponto, interessa apresentar mais um exemplo:

> **Exemplo 3**
>
> Desejamos determinar a potência de iluminação de três dependências de uma microempresa, cujas dimensões do escritório, almoxarifado e produção são apresentadas na Tabela 5.2

Tabela 5.2
Potência de iluminação

Dependências	Área (m²)	Potência de iluminação (VA)
Escritório	4,5 · 4,0 = 18	18 m² = 6 + 4 + 4 + 4 100 + 60 + 60 + 60 = **280**
Almoxarifado	4,5 · 5,5 = 24,75	24,75 m² = 6 + 4 + 4 + 4 + 4 + 2,75 = 100 + 60 + 60 + 60 + 60 + 0 = **340**
Produção	6 · 6 = 36	36 m² = 6 + 4 + 4 + 4 + 4 + 4 + 4 + 4 + 2 = 100 + 60 + 60 + 60 + 60 + 60 + 60 + 60 + 0 = **520**

Agora que finalizamos os cálculos referentes à iluminação, podemos dar início ao dimensionamento dos circuitos de tomadas de uso geral e específico.

5.3 Tomadas

A metodologia descrita a seguir só se aplica a locais de habitação (residências uni ou multifilares, hotéis, motéis etc.), conforme a ABNT NBR 5410:2004. Essa norma não estabelece requisitos para instalações comerciais e industriais, devendo ser utilizados requisitos de outras normas estrangeiras.

A seguir, apresentamos algumas recomendações para o levantamento de tomadas de uso geral (TUG):

- Cômodos ou dependências com área igual ou inferior a 6 m²: no mínimo uma tomada.
- Cômodos ou dependências com mais de 6 m²: no mínimo uma tomada a cada 5 m ou fração de perímetro, espaçadas tão uniformemente quanto possível.
- Cozinhas: uma tomada a cada 3,5 m ou fração de perímetro, independente da área.
- Banheiros: no mínimo uma tomada junto ao lavatório com uma distância mínima de 60 cm do boxe.

Planejamento das instalações elétricas

Aconselhamos adotar um número de tomada de uso geral sempre maior do que o mínimo determinado pelos cálculos descritos anteriormente, evitando-se, assim, o uso de extensões e benjamins, que, além de desperdiçar energia, podem comprometer a segurança da instalação.

5.3.1 Potência das tomadas de uso geral (TUG)

Para a determinação da potência das tomadas de uso geral em locais de habitação, a ABNT NBR 5410:2004 prescreve:

> A potência a ser atribuída a cada ponto de tomada é função dos equipamentos que ele poderá vir a alimentar e não deve ser inferior aos seguintes valores mínimos:
>
> a) em banheiros, cozinhas, copas, copas-cozinhas, áreas de serviço, lavanderias e locais análogos, no mínimo 600 VA por ponto de tomada, até três pontos, e 100 VA por ponto para os excedentes, considerando-se cada um desses ambientes separadamente. Quando o total de tomadas no conjunto desses ambientes for superior a seis pontos, admite-se que o critério de atribuição de potências seja de no mínimo 600 VA por ponto de tomada, até dois pontos, e 100 VA por ponto para os excedentes, sempre considerando cada um dos ambientes separadamente;
>
> b) nos demais cômodos ou dependências, no mínimo 100 VA por ponto de tomada. (ABNT, 2004, p. 184)

O correto dimensionamento das tomadas promove a segurança das instalações e garante seu funcionamento. No entanto, algumas cargas necessitam de uma tomada exclusiva para sua alimentação, as quais são denominadas *tomadas de uso específico*, cujo dimensionamento será apresentado a seguir.

5.3.2 Tomadas de uso específico (TUE)

Para determinar a quantidade de TUE é preciso ter em mente o número de aparelhos que exigem uma tensão específica; desse modo, essas tomadas serão instaladas na posição em que ficarão os aparelhos e serão instaladas exclusivamente para atendê-los.

A potência atribuída à TUE deve ser a mesma da potência nominal do aparelho a ser alimentado.

Salientamos que a ABNT NBR 5410:2004 se refere à quantidade e potência de TUG para locais de habitação. Contudo, para edificações comerciais sugerimos usar as regras descritas a seguir.

I. Cargas em escritórios/comércio
   a. Tomadas – área inferior a 37 m² (adotar a que conduzir ao maior valor):
      - uma tomada para cada 3 m ou fração de perímetro;
      - uma tomada para cada 4 m² ou fração de área.
   b. Tomadas – área superior a 37 m²:
      - oito tomadas para os primeiros 37 m² de área;
      - três tomadas para cada 37 m² ou fração adicional;
      - deve-se atribuir 200 VA por tomada (no mínimo).
II. Cargas em áreas industriais
   a. Tomadas: o número de tomadas a ser adotado varia conforme cada tipo de setor.

Cabe esclarecer que as potências de iluminação a serem adotadas são aquelas determinadas pelo cálculo luminotécnico, segundo a ABNT NBR ISSO/CIE 8995-1.

Vejamos mais alguns exemplos de aplicação dos conteúdos tratados até aqui:

Exemplo 4

Desejamos determinar a quantidade de tomadas (TUG e TUE) conforme a situação descrita no Exemplo 3, utilizando a ABNT NBR 5410:2004.

Tabela 5.3
Quantidade de tomadas

Dependências	Dimensões		Quantidade mínima de tomadas	
	Área (m²)	Perímetro (m)	TUG	TUE
Escritório	18	16	3	1 ar-condicionado
Almoxarifado	24,75	20	4	–
Produção	36	24	4	1 compressor

Exemplo 5

Suponha que precisamos determinar as potências de tomadas de cada dependência mencionada no Exemplo 4, considerando que o aparelho de ar-condicionado instalado no escritório é de 12 000 Btu/h e 1 600 W e o compressor da produção é de 1 500 W.

Tabela 5.4
Potência das tomadas

Dependências	Quantidade		Potência	
	TUG	TUE	TUG (VA)	TUE (W)
Escritório	3	1 ar-condicionado	6 · 100 = 600*	1 600
Almoxarifado	4	–	4 · 100 = 400	–
Produção	4	1 compressor	10 · 100 = 1 000*	1 500

Observação: Optamos por adotar um número de TUG acima do mínimo recomendado no escritório e na produção e podemos justificar esse número pela estimativa de aparelhos que serão utilizados nessas dependências.

Exemplo 6

Interessa obter o quadro final das potências (ativa e aparente), considerando a potência da iluminação e das tomadas e sabendo que o fator de potência (cos φ) é igual para todas as cargas.

Tabela 5.5
Quadro final de potências

Dependências	Potência de iluminação (VA)	Potência de tomadas	
		TUG (VA)	TUE (W)
Escritório	280	600	1 600
Almoxarifado	340	400	–
Produção	520	1 000	1 500
Total	1 140	2 000	3 100

Observação: Ressaltamos que a soma das potências de iluminação trata-se de uma soma de potências aparentes, ou seja, uma soma vetorial. Assim, só foi possível realizar a soma algébrica dessas potências (que resultou em 1 140 VA) sabendo que o fator de potência (conforme visto no Capítulo 2) é igual para todas as cargas.

5.3.3 Motores e outras cargas

Inicialmente, é necessário converter a potência dos motores dados em *horse-power* (HP) ou cavalo-vapor (CV) para volt-ampère (VA). Considerando-se o fator de potência, $\cos \varphi = 1$, temos que 1 HP = 746 VA e 1 CV = 736 VA. Em seguida, aplicamos o fator de demanda de 100% para o motor de maior potência e 50% para os demais motores.

Já outros tipos de cargas, como máquinas de solda, aparelhos de raio X e fornos elétricos, são denominados *especiais*. Nesses casos, pode-se calcular a demanda considerando-se 100% da potência em VA do maior desses equipamentos e 60% da potência em VA dos demais equipamentos somados.

5.3.4 Cálculo da potência da instalação

Nessa etapa do projeto, é preciso calcular a potência total da instalação. Se forem considerados os exemplos anteriores, são obtidas as seguintes potências totais parciais:

- potência aparente (S) de iluminação: 1 140 VA;
- potência aparente (S) de TUG: 2 000 VA;
- potência ativa (P) de TUE: 3 100 W.

Conforme comentado no Capítulo 2, a potência ativa é dada por $P = VI \cdot \cos \varphi$ e a potência aparente é dada por $S = VI$; simplificando: $P = S \cdot \cos \varphi$. Assim, para trabalhar apenas com valores de potências ativas, cuja medida é dada em watt (W), são requeridos os valores de fator de potência ($\cos \varphi$) das instalações de iluminação e TUG. Para tanto, consideremos:

- fator de potência para iluminação: $\cos \varphi = 1{,}0$;
- fator de potência para TUG: $\cos \varphi = 0{,}8$.

Desse modo, obtém-se:

- iluminação: $1\,140 \cdot 1{,}0 = 1\,140$ W;
- TUG: $2\,000 \cdot 0{,}8 = 1\,600$ W.

Assim, para obter a potência ativa total da instalação, dada em W, basta somar as potências de iluminação TUG e TUE:

- Potência ativa da instalação:
  $1\,140 + 1\,600 + 3\,100 = 5\,840$ W.

5.4 Divisão da carga em circuitos

O projeto deve prever a divisão da instalação em circuitos para que possam ser seccionados sem risco de realimentação inadvertida por outro circuito, e para que atendam às seguintes exigências: de segurança, conservação de energia, funcionais, de produção e de manutenção.

A ABNT NBR 5410:2004 estabelece que os circuitos devem ser individualizados de acordo com a função dos equipamentos de utilização que alimentam; logo, circuitos de iluminação devem ser separados dos circuitos de força (TUG). As cargas devem ser distribuídas entre as fases a fim de manter o maior equilíbrio possível.

Neste simples exemplo há um circuito de iluminação, um circuito de TUG e dois circuitos de TUE. Considerando que $I = P/V \cdot \cos \varphi$, temos:

- Iluminação:

  1 140 W e 127 V

  $I = 1 \cdot 14/127 \cdot 1$

  $I = 8,97$ A

- TUG:

  1 600 W e 127 V

  $I = 1600/127 \cdot 0,8$

  $I = 15,7$ A

- TUE_1:

  1 600 W e 220 V

  $I = 1600/220 \cdot 1$

  $I = 7,27$ A

- TUE_2:

  1 500 W e 220 V

  $I = 1500/220 \cdot 1$

  $I = 6,82$ A

Esses resultados estão resumidos na Tabela 5.6.

Tabela 5.6
Divisão da carga em circuitos

N.	Circuito	Tensão (V)	Potência (W)	Corrente (A)
1	Iluminação	127	1 140	8,97
2	TUG	127	1 600	15,7
3	TUE_1	220	1 600	7,27
4	TUE_2	220	1 500	6,82

De acordo com os conceitos de circuitos trifásicos tratados no Capítulo 3, cabe ressaltar que:
- os circuitos de iluminação e TUG devem ser ligados na tensão de fase (tensão entre uma fase e o neutro: 127 V);
- os circuitos de TUE devem ser ligados na tensão de linha (tensão entre fase e fase: 220 V).

Uma vez determinados os circuitos da instalação elétrica, a etapa seguinte é a que envolve a elaboração do diagrama unifilar.

5.5 Diagrama unifilar

Para elaborar uma representação da instalação elétrica, é preciso aplicar a simbologia apresentada no Quadro 5.1 associada a algumas regras. Iniciemos pelo circuito de iluminação. Nesse caso, a representação tem início no QD, do qual parte um eletroduto, que poderá transportar um ou mais circuitos. Esse eletroduto deve passar por um ponto de luz (PL) e ser acionado por, pelo menos, um interruptor (a). A Figura 5.3 representa um circuito de iluminação.

Figura 5.3
Diagrama unifilar para iluminação

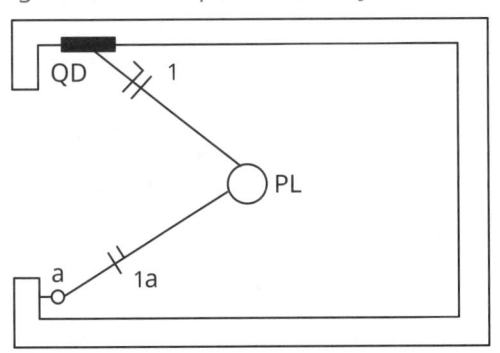

No diagrama da Figura 5.3, ainda é possível introduzir o circuito de TUG (Δ) no mesmo eletroduto, conforme indicado na Figura 5.4.

Figura 5.4
Diagrama unifilar de iluminação e TUG

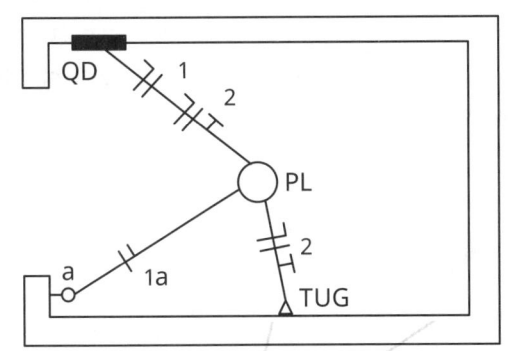

Na Figura 5.4, no trecho entre o QD e o ponto de luz, o eletroduto carrega um condutor fase e um neutro. Já no trecho entre o PL e o interruptor a, o eletroduto carrega um neutro e um retorno. Agora, vamos demonstrar uma possível representação para os circuitos de TUE (▲) na Figura 5.5.

Figura 5.5
Diagrama unifilar de iluminação, TUG e TUE

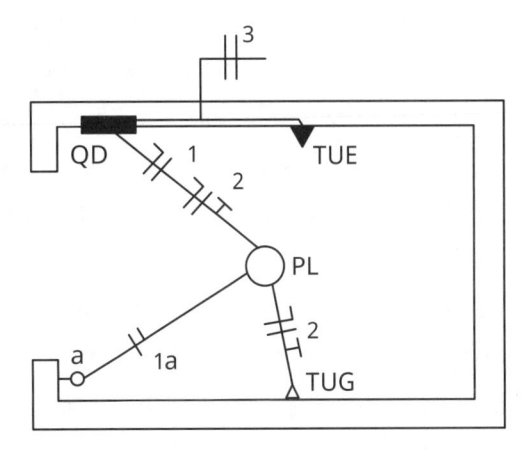

O circuito 3 é representado na Figura 5.5 com dois condutores de fase alimentando uma TUE.

5.6 Linhas elétricas

Os condutores elétricos consistem nos principais componentes de uma linha elétrica. Utiliza-se a expressão *condutor elétrico* para caracterizar o dispositivo por meio do qual flui a corrente elétrica. Os tipos mais utilizados de condutores são os fios e cabos elétricos. Geralmente, os fios e cabos utilizados nas instalações elétricas residenciais, prediais e industriais são de cobre, devido a sua elevada condutividade.

Os condutores utilizados nas instalações residenciais, comerciais ou industriais de baixa tensão são de cobre com isolamento de cloreto de polivinil (PVC) ou de outros materiais previstos pelas normas, como o etileno-propileno (EPR) ou o polietileno reticulado (XLPE). É importante ressaltarmos que a ABNT NBR 5410:2004 recomenda a não utilização de condutores de alumínio em instalações residenciais.

Um atributo muito importante na escolha e seleção dos cabos a serem utilizados na instalação é a flexibilidade, pois são instalados em eletrodutos com outros cabos e fios provenientes de outros circuitos, fazem curvas na instalação e passam por várias caixas de passagem. Referente a esse aspecto, há a seguinte classificação:

- Classe 1: fios, condutores sólidos; apresentam baixo grau de flexibilidade.
- Classe 2, 3, 4, 5 e 6: cabos, condutores formados por vários fios; apresentam maior grau de flexibilidade; quanto maior a classe, maior a flexibilidade.

Para a determinação da seção nominal dos condutores, demanda-se resgatar o valor da corrente dos circuitos. Em seguida, deve-se definir no projeto como os condutores serão instalados. No Quadro 5.2, são apresentadas as referências para diversos tipos de linhas elétricas, considerando a capacidade de condução de corrente.

Quadro 5.2
Tipos de linhas elétricas

Referência		Descrição
A	1	Condutores isolados em eletroduto de seção circular embutido em parede termicamente isolante.
	2	Cabo multipolar em eletroduto de seção circular embutido em parede termicamente isolante.
B	1	Condutores isolados em eletroduto de seção circular sobre parede de madeira.
	2	Cabo multipolar em eletroduto de seção circular sobre parede de madeira.
C	—	Cabos unipolares ou cabo multipolar sobre parede de madeira.
D	—	Cabo multipolar em eletroduto enterrado no solo.
E	—	Cabo multipolar ao ar livre.
F	—	Cabos unipolares justapostos ao ar livre.
G	—	Cabos unipolares espaçados ao ar livre.

Fonte: Adaptado de ABNT, 2004, p. 90-95.

A seguir, explicamos alguns critérios para dimensionamento de condutores elétricos, sejam eles: seção mínima, capacidade de condução de corrente, queda de tensão, curto-circuito e sobrecarga.

5.6.1 Seção mínima

Para a definição da seção nominal dos condutores, faz-se necessário atentar para as seções mínimas permitidas para os condutores, conforme representado na Tabela 5.7.

Tabela 5.7
Seção mínima de condutores

Tipo de circuito	Seção mínima (mm^2)
Iluminação	1,5
Força	2,5

É preciso, ainda, considerar o número de condutores carregados, em conformidade com o tipo de circuito.

Tabela 5.8
Número de condutores carregados conforme o tipo de circuito

Condutores vivos do circuito	N. de condutores carregados
Monofásico a dois condutores	2
Monofásico a três condutores	2
Duas fases sem neutro	2
Duas fases com neutro	3
Trifásico sem neutro	3
Trifásico com neutro	3 ou 4

Fonte: Adaptado de ABNT, 2004, p. 112.

Após definidos o modo de instalar, considerando-se os tipos de linha elétrica (Quadro 5.2), e o número de condutores carregados, e após traçado o diagrama unifilar da instalação, deve ser determinada pelo projeto a seção dos condutores, considerando a capacidade de condução de corrente, conforme Tabelas 5.9 e 5.10.

Por exemplo, para um circuito de força com corrente igual a 12 A, monofásico a 3 condutores (2 condutores carregados), utilizando a Tabela 5.9 (procura-se na tabela o valor de corrente igual ou superior mais próximo), o valor de projeto da seção nominal do condutor será de 1,5 mm^2. No entanto, seguindo o critério da seção mínima apresentado da Tabela 5.7, a seção adotada será de 2,5 mm^2.

Os critérios utilizados para o dimensionamento de condutores elétricos consistem em determinar o valor de corrente máxima que ali percorrerá. Para tanto, são necessárias informações a respeito dos tipos de linhas elétricas, conforme consta no Quadro 5.2, e informações sobre capacidade de condução de corrente e maneiras de instalar das Tabelas 5.9 e 5.10.

Planejamento das instalações elétricas

Tabela 5.9
Capacidade de condução de corrente para as maneiras de instalar A1, A2, B1, B2, C, e D com condutores isolados com PVC

Condutores: cobre e alumínio Isolação: PVC Temperatura no condutor: 70 °C Temperatura de referência do ambiente: 30 °C (ar), 20 °C (solo)												
Seções nominais (mm^2)	A1		A2		B1		B2		C		D	
	Número de condutores carregados											
	2	3	2	3	2	3	2	3	2	3	2	3
(1)	(2)	(3)	(4)	(5)	(6)	(7)	(8)	(9)	(10)	(11)	(12)	(13)
Cobre												
0,5	7	7	7	7	9	8	9	8	10	9	12	10
0,75	9	9	9	9	11	10	11	10	13	11	15	12
1	11	10	11	10	14	12	13	12	15	14	18	15
1,5	14,5	13,5	14	13	17,5	15,5	16,5	15	19,5	17,5	22	18
2,5	19,5	18	18,5	17,5	24	21	23	20	27	24	29	24
4	26	24	25	23	32	28	30	27	36	32	38	31
6	34	31	32	29	41	36	38	34	46	41	47	39
10	46	42	43	39	57	50	52	46	63	57	63	52
16	81	73	76	68	100	88	91	80	107	96	95	79
25	106	95	99	89	133	117	119	105	138	119	121	101
35	131	117	121	109	164	144	146	128	171	147	146	122
50	158	141	145	130	198	175	175	154	209	179	173	144
70	151	136	139	125	192	171	168	149	213	184	183	151
95	182	164	167	150	232	207	201	179	258	223	216	179
120	210	188	192	172	269	239	232	206	299	259	246	203
150	240	216	219	196	309	275	265	236	344	299	278	230
185	273	245	248	223	353	314	300	268	392	341	312	258
240	321	286	291	261	415	370	351	313	461	403	361	297
300	367	328	334	298	477	426	401	358	530	464	408	336
400	438	390	398	355	571	510	477	425	634	557	478	394
500	502	447	456	406	656	587	545	486	729	642	540	445
630	578	514	526	467	758	678	626	559	843	743	614	506
800	669	593	609	540	881	788	723	645	978	865	700	577
1 000	767	679	698	618	1012	906	827	738	1125	996	792	652

(continua)

(Tabela 5.9 - conclusão)

Seções nominais (mm²)	A1		A2		B1		B2		C		D	
	Número de condutores carregados											
	2	3	2	3	2	3	2	3	2	3	2	3
(1)	(2)	(3)	(4)	(5)	(6)	(7)	(8)	(9)	(10)	(11)	(12)	(13)
Alumínio												
16	48	43	44	41	60	53	54	48	66	59	62	52
25	63	57	58	53	79	70	71	62	83	73	80	66
35	77	70	71	65	97	86	86	77	103	90	96	80
50	93	84	86	78	118	104	104	92	125	110	113	94
70	118	107	108	98	150	133	131	116	160	140	140	117
95	142	129	130	118	181	161	157	139	195	170	166	138
120	164	149	150	135	210	186	181	160	226	197	189	157
150	189	170	172	155	241	214	206	183	261	227	213	178
185	215	194	195	176	275	245	234	208	298	259	240	200
240	252	227	229	207	324	288	274	243	352	305	277	230
300	289	261	263	237	372	331	313	278	406	351	313	260
400	345	311	314	283	446	397	372	331	488	422	366	305
500	396	356	360	324	512	456	425	378	563	586	414	345
630	456	410	416	373	592	527	488	435	653	562	471	391
800	529	475	482	432	687	612	563	502	761	654	537	446
1 000	607	544	552	495	790	704	643	574	878	753	607	505

Fonte: Adaptado de ABNT, 2004, p. 101.

Planejamento das instalações elétricas

Tabela 5.10
Capacidade de condução de corrente para as maneiras de instalar A1, A2, B1, B2, C, e D com condutores isolados com EPR ou XLPE

Condutores: cobre e alumínio Isolação: EPR ou XLPE Temperatura no condutor: 90 °C Temperatura de referência do ambiente: 30 °C (ar), 20 °C (solo)												
Seções nominais (mm²)	A1		A2		B1		B2		C		D	
	Número de condutores carregados											
	2	3	2	3	2	3	2	3	2	3	2	3
(1)	(2)	(3)	(4)	(5)	(6)	(7)	(8)	(9)	(10)	(11)	(12)	(13)
Cobre												
0,5	10	9	10	9	12	10	11	10	12	11	14	12
0,75	12	11	12	11	15	13	15	13	16	14	18	15
1	15	13	14	13	18	16	17	15	19	17	21	17
1,5	19	17	18,5	16,5	23	20	22	19,5	24	22	26	22
2,5	26	23	25	22	31	28	30	26	33	30	34	29
4	35	31	33	30	42	37	40	35	45	40	44	37
6	45	40	42	38	54	48	51	44	58	52	56	46
10	61	54	57	51	75	66	69	60	80	71	73	61
16	81	73	76	68	100	88	91	80	107	96	95	79
25	106	95	99	89	133	117	119	105	138	119	121	101
35	131	117	121	109	164	144	146	128	171	147	146	122
50	158	141	145	130	198	175	175	154	209	179	173	144
70	200	179	183	164	253	222	221	194	269	229	213	178
95	241	216	220	197	306	269	265	233	328	278	252	211
120	278	249	253	227	354	312	305	268	382	322	287	240
150	318	285	290	259	407	358	349	307	441	371	324	271
185	362	324	329	295	464	408	395	348	506	424	363	304
240	424	380	386	346	546	481	462	407	599	500	419	351
300	486	435	442	396	628	553	529	465	693	576	474	396
400	579	519	527	472	751	661	628	552	835	692	555	464
500	664	595	604	541	864	760	718	631	966	797	627	525
630	765	685	696	623	998	879	825	725	1122	923	711	596
800	885	792	805	721	1158	1020	952	837	1311	1074	811	679
1000	1014	908	923	826	1332	1173	1088	957	1515	1237	916	767
Alumínio												
16	64	58	60	55	79	71	72	64	84	76	73	61
25	84	76	78	71	105	93	94	84	101	90	93	78
35	103	94	96	87	130	116	115	103	126	112	112	94

(continua)

(Tabela 5.10 – conclusão)

Seções nominais (mm²)	A1		A2		B1		B2		C		D	
	Número de condutores carregados											
	2	3	2	3	2	3	2	3	2	3	2	3
(1)	(2)	(3)	(4)	(5)	(6)	(7)	(8)	(9)	(10)	(11)	(12)	(13)
50	125	113	115	104	157	140	138	124	154	136	132	112
70	158	142	145	131	200	179	175	156	198	174	163	138
95	191	171	175	157	242	217	210	188	241	211	193	164
120	220	197	201	180	281	251	242	216	280	245	220	186
150	253	226	230	206	323	289	277	248	324	283	249	210
185	288	256	262	233	368	330	314	281	371	323	279	236
240	338	300	307	273	433	389	368	329	439	382	322	272
300	387	344	352	313	499	447	421	377	508	440	364	308
400	462	409	421	372	597	536	500	448	612	529	426	361
500	530	468	483	426	687	617	573	513	707	610	482	408
630	611	538	556	490	794	714	658	590	821	707	547	464
800	708	622	644	566	922	830	760	682	958	824	624	529
1 000	812	712	739	648	1061	955	870	780	1108	950	706	598

Fonte: Adaptado de ABNT, 2004, p. 102.

5.6.2 Condutor de proteção (PE)

Se uma pessoa entrar em contato com cargas elétricas indesejáveis que, porventura, estiverem circulando através dos aparelhos elétricos, sentirá uma sensação desagradável, o choque elétrico. Desse modo, o projeto de instalações deve prever um escoamento para essas cargas, garantindo a proteção das pessoas. Para tanto, utiliza-se, na instalação, um fio diretamente ligado à terra: o fio terra. Esse fio deve ter uma resistência muito inferior à do corpo humano para garantir que as cargas escoem para a terra.

A Tabela 5.11 apresenta a seção do condutor terra, de acordo com a seção do condutor fase do circuito.

Tabela 5.11
Seção dos condutores fase e proteção

Seção do condutor de fase (mm²)	Seção do condutor de proteção (mm²)
S ≤ 25	S
35	25
50	25
70	35
95	50
120	70
150	70
185	95
240	120

Fonte: Adaptado de ABNT, 2004, p. 115.

5.6.3 Capacidade de condução de corrente, sobrecarga e curto-circuito

De posse das informações de tipo de linhas elétricas, capacidade de condução de corrente e maneiras de instalar, o projetista pode obter os valores de isolação dos condutores, os quais são representados pelos limites máximos de temperatura, dadas as condições de serviço contínuas. Com base nesses critérios, o dimensionamento dos condutores é limitado a valores de corrente que proporcionarão temperaturas (em serviço contínuo) especificadas para cada tipo de isolamento (PVC, EPR, XLPE), conforme Tabela 5.12.

Tabela 5.12
Temperatura característica dos condutores

Isolação	Temperatura máxima em serviço contínuo (°C)	Temperatura limite de sobrecarga (°C)	Temperatura limite de curto-circuito (°C)
PVC (≤ 300 mm^2)	70	100	160
PVC (> 300 mm^2)	70	100	140
EPR	90	130	250
XLPE	90	130	250

Fonte: Adaptado de ABNT, 2004, p. 100.

Após realizados os cálculos pela metodologia da máxima temperatura, é importante realizar um novo cálculo pela metodologia das quedas de tensões admissíveis. Essa metodologia será apresentada na seção a seguir.

5.6.4 Queda de tensão

Emprega-se o método das quedas de tensão admissíveis para determinar a seção dos condutores, visando verificar se as quedas de tensão satisfazem os valores estabelecidos pela ABNT NBR 5410:2004.

A realização do cálculo da queda de tensão deve-se à necessidade de verificar se a tensão nos terminais de um equipamento corresponde à tensão nominal prevista, admitindo-se uma pequena variação – uma variação acima da especificada pode ocasionar um decréscimo na vida útil dos equipamentos.

Nesse método, as quedas de tensão são função da distância entre a carga e o medidor e a potência da carga. As quedas de tensão admissíveis são representadas em percentagem da tensão nominal ou de entrada, tal que:

$$e(\%) = \frac{\text{tensão de entrada} - \text{tensão na carga}}{\text{tensão de entrada}} \cdot 100 \qquad (5.4)$$

sendo que e(%) representa o limite de queda de tensão. A ABNT NBR 5410:2004 estabelece os valores admissíveis para as quedas de tensão, conforme descrito a seguir.

6.2.7.1 Em qualquer ponto de utilização da instalação, a queda de tensão verificada não deve ser superior aos seguintes valores, dados em relação ao valor de tensão nominal da instalação:

a) 7%, calculados a partir dos terminais secundários do transformador MT/BT, no caso de transformador de propriedade da(s) unidade(s) consumidora(s);
b) 7%, calculados a partir dos terminais secundários do transformador MT/BT da empresa distribuidora de eletricidade, quando o ponto de entrega for ai localizado;
c) 5%, calculados a partir do ponto de entrega, nos demais casos com fornecimento em tensão secundária de distribuição;
d) 7%, calculados a partir dos terminais de saída do gerador, no caso de gerador próprio. (ABNT, 2004, p. 115)

Em nenhum caso, a queda de tensão nos circuitos terminais pode ser superior a 4%.

Figura 5.6
Queda de tensão

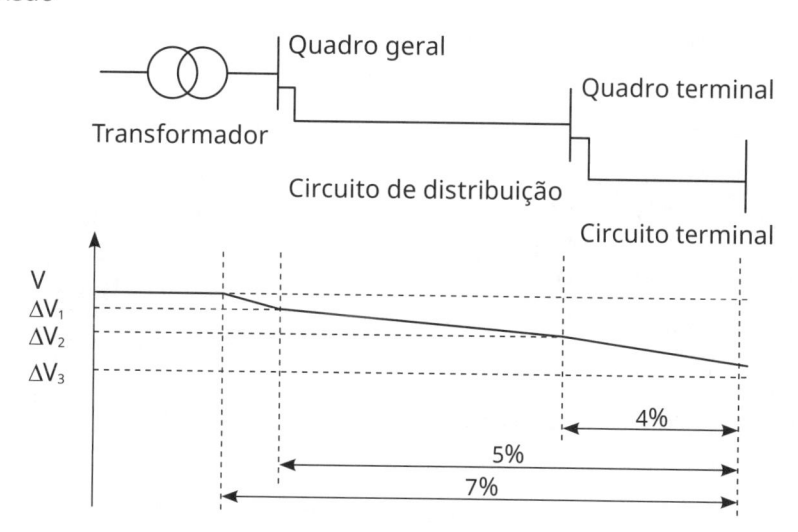

Planejamento das instalações elétricas

Na Tabela 5.13, são apresentados alguns valores para queda de tensão em V/A·km – em que V refere-se à tensão nominal de linha, A indica a corrente transportada, e o comprimento do circuito é dado em quilômetros (km).

Tabela 5.13
Queda de tensão

Seções nominais (mm²)	Eletroduto e eletrocalha (A) (Material magnético)		Eletroduto e eletrocalha (A) (Material não magnético)			
	Circuito monofásico e trifásico		Circuito monofásico		Circuito trifásico	
	FP = 0,8	FP = 0,95	FP = 0,8	FP = 0,95	FP = 0,8	FP = 0,95
1,5	23	27,4	23,3	27,6	20,2	23,9
2,5	14	16,8	14,3	16,9	12,4	14,7
4	9	10,5	8,96	10,6	7,79	9,15
6	5,87	7	6,03	7,07	5,25	6,14
10	3,54	4,2	3,63	4,23	3,17	3,67

FP = fator de potência.

Fonte: Elaborada com base em ABNT, 2004.

Para o cálculo da queda de tensão no circuito, utiliza-se o valor da corrente de projeto Ip.

O valor da queda de tensão unitária é calculado pela Equação 5.5.

$$\Delta V_{unit.} = \frac{e(\%) \cdot V}{I_p \cdot l} \quad (5.5)$$

em que $\Delta V_{unit.}$ é a queda de tensão unitária, e(%) é o limite de queda de tensão, V representa o valor da tensão, I_p é a corrente de projeto e l corresponde ao comprimento do circuito.

É possível também utilizar um método simplificado para a determinação da queda de tensão, o qual é denominado *watts × metros*, conforme representado na Equação 5.6.

$$\Delta V = \sum (P_n \cdot l) \quad (5.6)$$

em que ΔV é a queda de tensão, P_n é a corrente nominal e l representa o comprimento do circuito.

Por fim, pode-se calcular a queda de tensão trecho a trecho de um circuito com a Equação 5.7:

$$\Delta V_{trecho}(\%) = \frac{I_p \cdot \Delta V_{unit.} \cdot d \cdot 100}{V_n} \quad (5.7)$$

tal que ΔV_{trecho} é a queda de tensão por trecho em percentual, I_p é a corrente de projeto, $\Delta V_{unit.}$ é a queda de tensão unitária, d corresponde à distância de cada trecho e V_n é a tensão nominal.

> **Exemplo 7**
>
> Interessa calcular a seção nominal de um condutor pelo método da queda de tensão, considerando:
>
> - seção do condutor definida pelo método da capacidade de corrente (4 mm²);
> - eletroduto de PVC;
> - circuito monofásico (220 V);
> - corrente de projeto (Ip) = 24 A;
> - fator de potência = 1;
> - comprimento do circuito = 15 m = 0,015 km;
> - e% = 0,02
>
> $$\Delta V_{unit.} = \frac{e(\%) \cdot V}{I_p \cdot l} = \frac{0,02 \cdot 220}{24 \cdot 0,015} = \frac{4,4}{0,36} = 12,2 \frac{V}{A \cdot km}$$
>
> Para a determinação da seção do condutor, deve-se escolher na Tabela 5.13 o primeiro valor imediatamente inferior, ou seja, 10,5 V/A·km, o que resulta em uma seção nominal de 4 mm². Nesse caso, foi possível verificar que a seção definida do critério da queda de tensão coincidiu com o valor dado pelo critério *capacidade de corrente*.
>
> No entanto, há casos em que resultados obtidos pelos métodos da capacidade de condução de corrente e queda de tensão têm valores diferentes. Para esses casos, deve-se adotar a seção de condutor de maior valor.

5.7 Eletrodutos

No decorrer deste capítulo, muitas vezes citamos os *eletrodutos*, mas, afinal, o que são eles? De forma geral, *eletrodutos* são tubos nos quais são introduzidos os fios e cabos que compõem os circuitos elétricos de uma instalação. A ABNT NBR 5410:2004 proíbe o uso de produtos similares, como mangueiras, e somente admite a utilização de eletrodutos que sejam não propagantes de chama.

A função dos eletrodutos é servir de passagem para condutores isolados, cabos uni ou multipolares. A única exceção refere-se a condutores de aterramento, quando torna-se possível a presença de condutores nus em eletroduto isolante exclusivo. Os eletrodutos têm, ainda, a função de proteger os condutores contra ações mecânicas, incêndios, corrosão e intempéries. A Norma afirma que os eletrodutos devem ser capazes de suportar as solicitações

Planejamento das instalações elétricas

mecânicas, químicas, elétricas e térmicas a que forem submetidos nas condições da instalação.

Atualmente, as edificações têm verdadeiras redes de eletrodutos, as quais não são formadas exclusivamente por circuitos elétricos; ao contrário, podem ter funções diversas, a saber: comunicação (telefone, internet, TV a cabo), segurança (alarmes), lógica (computadores) etc.

Geralmente, os eletrodutos podem ser utilizados embutidos em paredes, pisos ou tetos, como ocorre comumente em instalações residenciais e comerciais. Esse tipo de instalação requer um projeto preciso, pois modificações futuras em sua estrutura são difíceis; nesse caso, é necessário quebrar paredes, pisos e teto e há um custo associado a isso, sem contar os transtornos. Já em ambientes industriais e comerciais, faz-se maior uso de eletrodutos aparentes. As instalações aparentes têm a vantagem de possibilitar modificações na estrutura e facilitar possíveis manutenções.

Os eletrodutos podem ser tubos metálicos ou de PVC, assumindo a forma rígida ou flexível. Há os seguintes tipos de eletrodutos: metálicos rígidos; metálicos flexíveis; PVC rígidos; PVC flexíveis.

Para a escolha de um tipo de eletroduto, é preciso considerar que:

- eletrodutos metálicos não devem ser instalados em ambientes excessivamente úmidos ou em ambientes que apresentam produtos corrosivos;
- eletrodutos metálicos rígidos devem ser curvados a frio;
- eletrodutos metálicos flexíveis podem ser utilizados em instalações elétricas expostas e nas instalações de máquinas e motores elétricos, pois apresentam revestimento de PVC, que proporciona maior durabilidade e resistência mecânica;
- eletrodutos de PVC, principalmente os flexíveis, podem ser utilizados nas instalações elétricas residenciais, comerciais e industriais, em decorrência de sua praticidade e resistência mecânica.

De acordo com a ABNT NBR 5410:2004, em um projeto de instalações elétricas, é necessário se certificar da capacidade de ocupação de um eletroduto, de modo que a ocupação máxima não exceda:

- 53%, no caso de um único condutor ou cabo;
- 31%, no caso de dois condutores ou cabos;
- 40%, no caso de três ou mais condutores ou cabos.

Para a determinação da área ocupada pelos condutores e, consequentemente, o tamanho nominal dos eletrodutos, vale utilizar a Equação 5.8:

$$S_{cond} = \frac{N_{cf} \cdot \pi \cdot D_{cf}^2}{4} + \frac{N_{cn} \cdot \pi \cdot D_{cn}^2}{4} + \frac{N_{cp} \cdot \pi \cdot D_{cp}^2}{4} \qquad (5.8)$$

em que S_{cond} é a seção ocupada pelos condutores, dada em mm²; N_{cf} é o número de condutores fase; N_{cn} é o número de condutores neutro; N_{cp} é o número de condutores de proteção; D_{cf} é o diâmetro externo dos condutores fase, dado em mm; D_{cn} é o diâmetro externo dos condutores neutro, dado em mm; D_{cp} é o diâmetro externo dos condutores de proteção, dado em mm.

Na tabela 5.14, é possível visualizar facilmente a área ocupada por cabos PVC, XLPE e EPR.

Tabela 5.14
Área ocupada pelos cabos

Seção (mm²)	Área total (mm²)			Seção (mm²)	Área total (mm²)		
	PVC		XLPE ou EPR		PVC		XLPE ou EPR
	Isolado	Unipolar			Isolado	Unipolar	
1,5	7,0	23,7	23,7	70	130,7	188,7	188,7
2,5	10,7	28,2	28,2	95	179,7	246,0	246,0
4	14,5	36,3	36,3	120	213,8	289,5	289,5
6	18,8	41,8	41,8	150	268,8	359,6	359,6
10	27,3	50,2	50,2	185	336,5	444,8	444,8
16	37,4	63,6	63,6	240	430,0	559,9	559,9
25	56,7	91,6	91,6	300	530,9	683,5	683,5
35	72,3	113,1	113,1	400	692,8	881,4	881,4
50	103,8	151,7	151,7	500	870,9	1 092,7	1 092,7

Fonte: Elaborado com base em ABNT, 2004.

Exemplo 8

Para determinar a área da seção transversal de um eletroduto que contém um circuito trifásico, há cinco condutores (três fases, um neutro, uma proteção) de isolação de PVC com seções nominais, respectivamente, 70 mm², 35 mm² e 35 mm².

Na Tabela 5.14, encontra-se:

- S_{70} (PVC isolado) = 130,7 mm²,
- S_{35} (PVC isolado) = 72,3 mm².

Considerando o número de condutores (três fases, um neutro, uma proteção), temos:

- Seção do eletroduto = 3 · 130,7 + 72,3 + 72,3 = 537,6 mm².

Planejamento das instalações elétricas

Para possibilitar a enfiação (passagem) dos condutores nos eletrodutos, são utilizadas guias para puxar os cabos ou algum tipo de lubrificante para facilitar a passagem, desde que esses produtos não comprometam a isolação dos condutores.

Os eletrodutos podem ser apresentados na forma de molduras, bandejas, leitos, prateleiras, suportes horizontais, canaletas e perfilados.

De acordo com a ABNT NBR 5410:2004, nas molduras, só devem ser instalados condutores isolados ou cabos unipolares, desde que suas ranhuras facilitem a passagem dos condutores; ainda, cada ranhura deve ser ocupada apenas por um circuito. Recomenda-se não instalar as molduras em alvenaria nem cobri-las com papel de parede, tecido ou qualquer outro material.

Para os casos em que os eletrodutos sejam bandejas, leitos, prateleiras ou suportes horizontais, e nas linhas em que os cabos forem diretamente fixados em paredes ou tetos, só devem ser utilizados cabos unipolares ou multipolares. Nesses casos, devem-se usar abraçadeiras para fixação direta dos cabos, porém não se recomenda o uso de materiais magnéticos quando estes estiverem sujeitos à indução significativa. Para a fixação de bandejas, leitos, prateleiras e suportes, estes devem ser escolhidos e dispostos de maneira a não danificar os cabos nem comprometer seu desempenho. Para esses tipos de eletrodutos, a Norma recomenda que os cabos sejam dispostos em uma única camada. Várias camadas são permitidas, desde que se atente para o volume de material combustível dos cabos, os quais podem contribuir para a propagação de incêndios.

Eletrodutos do tipo canaletas sobre paredes e tetos ou suspensas e do tipo perfilados podem ser instalados com condutores isolados, cabos unipolares e multipolares. De modo geral, os condutores isolados podem ser utilizados apenas em canaletas ou perfilados de paredes não perfuradas e com tampas que só possam ser removidas com auxílio de ferramentas. Eletrodutos desses tipos devem ser escolhidos e dispostos de modo que não danifiquem os cabos nem comprometam seu desempenho, pois estes devem suportar sem danos as influências externas a que forem submetidos. Nas canaletas instaladas no solo, podem ser utilizados cabos unipolares ou multipolares. Nas canaletas encaixadas no piso, podem ser utilizados condutores isolados, cabos unipolares ou multipolares. Os condutores isolados podem ser utilizados apenas se contidos em eletrodutos.

Síntese

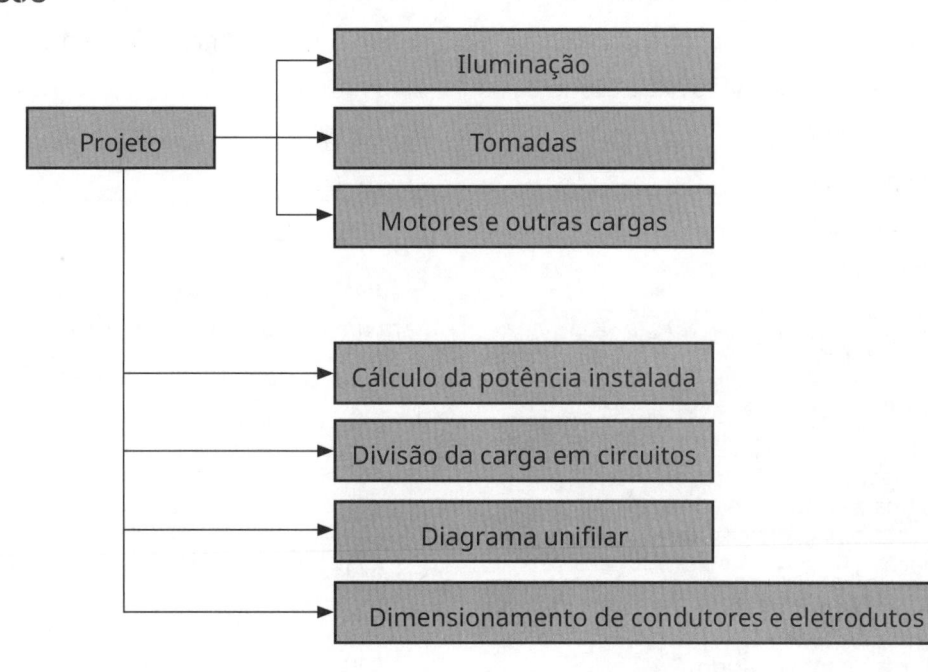

```
Projeto ──┬──► Iluminação
          ├──► Tomadas
          └──► Motores e outras cargas

          ──► Cálculo da potência instalada
          ──► Divisão da carga em circuitos
          ──► Diagrama unifilar
          ──► Dimensionamento de condutores e eletrodutos
```

Questões para revisão

1. Assinale as afirmações a seguir como verdadeiras (V) ou falsas (F):

   ( ) Nos projetos de iluminação, deve-se prever que as lâmpadas serão instaladas em luminárias, as quais servem apenas como suporte para as lâmpadas.

   ( ) Para projetos de iluminação, deve-se adotar para áreas ≤ 6 m², 100 VA; para áreas > 6 m², 100 VA para os primeiros 6 m² e somar 60 VA para cada 4 m² inteiros.

   ( ) Para o dimensionamento de TUG, deve-se definir o número de aparelhos que exigem uma tensão específica; desse modo, essas tomadas coincidirão com a posição dos aparelhos e serão instaladas exclusivamente para atendê-los.

   ( ) Para o dimensionamento de TUE em cozinhas, é necessário atribuir, no mínimo, 600 VA por tomada até três tomadas e atribuir 100 VA para o excedente.

   Marque a alternativa que apresenta a sequência correta:
   a) V, V, F, F.
   b) F, V, F, F.
   c) F, V, V, V.
   d) F, V, V, F.
   e) V, V, F, V.

Planejamento das instalações elétricas

2. Complete a coluna à direita, na tabela que segue, com as alternativas correspondentes às afirmações contidas na coluna à esquerda.
   I) Fluxo luminoso
   II) Iluminância
   III) Condutor elétrico
   IV) Eletrodutos

Afirmações	Alternativas
É a relação entre o fluxo luminoso que atinge uma superfície e sua área.	
São tubos nos quais são introduzidos os fios e cabos que compõem os circuitos elétricos de uma instalação.	
É igual à energia radiante que afeta a sensibilidade do olho humano durante um segundo.	
Consiste em um dispositivo por meio do qual flui a corrente elétrica.	

   Assinale a alternativa que apresenta a ordem correta de preenchimento:
   a) IV; III; I; II.
   b) III; IV; II; I.
   c) III; I; II; IV.
   d) IV; I; II; III.
   e) II; IV; I; III.

3. Para um cômodo de 35 m² (5 m × 7 m), qual valor da potência de iluminação, em VA, deve ser previsto?
   a) 480.
   b) 500.
   c) 520.
   d) 540.
   e) 560.

4. Considere a tabela a seguir:

Circuito		Tensão (V)	Local	Potência		Corrente (A)	S (mm²)
Número	Tipo			Qtde * Pot (VA)	Total (VA)		
1	Ilum.	127	Quarto 1	1*100			
			Quarto 2	1*100			
			Banheiro	1*100			
				2*40			
			Sala	1*160	940		
			Área externa	1*100			
			Varanda	1*100			
			Área de serviço	1*20			
			Cozinha	2*20			
			Circulação	1*100			

(continua)

(Tabela - conclusão)

Circuito		Tensão (V)	Local	Potência		Corrente (A)	S (mm²)
Número	Tipo			Qtde * Pot (VA)	Total (VA)		
2	TUG	127	Área externa Banheiro	1*600 1*600	1 200		
3	TUG	127	Sala Quarto 1 Quarto 2 Circulação Varanda	3*100 3*100 3*100 1*100 1*100	1 100		
4	TUG	127	Cozinha	3*600 1*100	1 900		
5	TUG	127	Área de serviço	3*600	1 800		
6	TUE	220	Chuveiro	1*5 400	5 400		
7	TUE	220	Torneira elétrica	1*4 400	4 400		

a) Calcule a corrente para cada circuito.

b) Dimensione os condutores dos circuitos.

5. A Tabela a seguir apresenta as dimensões das dependências de um pequeno restaurante. Considere que na cozinha há um exaustor, um *freezer* e dois fornos elétricos. No salão do restaurante, há dois aparelhos de ar-condicionado. Determine a quantidade de TUG e TUE e preencha corretamente as respectivas colunas:

Dependências	Dimensões		Quantidade mínima de tomadas	
	Área (m²)	Perímetro (m)	TUG	TUE
Cozinha	24	20		
Salão do restaurante	40	28		
Recepção	8	12		

Questões para reflexão

1. Pesquise na ABNT NBR 5410:2004 o método das quedas de tensão admissíveis na rede de alta tensão.
2. Pesquise na ABNT NBR 5410:2004 o método das quedas de tensão admissíveis na rede de baixa tensão.

Planejamento das instalações elétricas

Para saber mais

As indicações de leitura que seguem têm o potencial de contribuir para o aprimoramento de seus conhecimentos relativos a instalações elétricas:

ABNT – Associação Brasileira de Normas Técnicas. **NBR 5410**: instalações elétricas de baixa tensão. Rio de Janeiro: ABNT, 2004.

ABNT – Associação Brasileira de Normas Técnicas. **NBR ISO/CIE 8995-1**: iluminação de ambientes de trabalho. Parte 1: interior. Rio de Janeiro: ABNT, 2013b.

COTRIM, A. A. M. B. **Instalações elétricas**. 5. ed. São Paulo: Pearson Prentice Hall, 2009.

CREDER, H. **Instalações elétricas**. 15. ed. Rio de Janeiro: LTC, 2007.

CRUZ, E. C. A.; ANICETO, L. A. **Instalações elétricas**: fundamentos, prática e projetos em instalações residenciais e comerciais. São Paulo: Érica, 2011.

NISKIER, J.; MACINTYRE, A. J. **Instalações elétricas**. 6. ed. Rio de Janeiro: LTC, 2014.

6.

Proteção, manobra, comando, seccionamento e segurança

Conteúdos do capítulo:

- Operação e classificação de dispositivos de proteção e manobra.
- Operação e classificação de dispositivos de comando e seccionamento.
- Proteção contra choques elétricos.
- Aterramento.
- Proteção contra descargas atmosféricas.

Após o estudo deste capítulo, você será capaz de:

1. explicar o funcionamento de dispositivos de proteção e manobra: fusíveis, disjuntores e dispositivos da corrente diferencial residual (DR);
2. explicar o funcionamento de dispositivos de comando e seccionamento em situações de seccionamento para manutenção, seccionamento de emergência e comando funcional;
3. reconhecer os princípios de instalações que proveem proteção contra choques elétricos;
4. tratar sobre sistema de aterramento;
5. identificar os princípios de proteção contra descargas atmosféricas.

Proteção, manobra, comando, seccionamento e segurança

No capítulo anterior, tratamos do planejamento de projetos de instalações elétricas, porém, não abordamos a proteção dos circuitos contra sobrecorrentes, choques elétricos e surtos de tensão. Também não foram detalhadas as operações relacionadas ao comando e ao seccionamento de circuitos na situação de uma emergência ou na situação de manutenção.

Por essa razão, este capítulo pode ser entendido como uma extensão do Capítulo 5, ou seja, para um projeto completo de instalação elétrica, é essencial especificar os dispositivos de proteção, manobra, seccionamento, comando e segurança.

6.1 Proteção e manobra

De modo geral, os dispositivos de proteção e manobra são regidos por três grandezas características principais: corrente, tensão e tempo. Um dispositivo deve conduzir, em condições normais, um valor de corrente nominal, por tempo indefinido, sem causar elevações de temperatura em qualquer uma de suas partes. No entanto, existem situações adversas em que a corrente excede o valor nominal. Nessas situações, o dispositivo de proteção deve ser ajustado para um valor de corrente de atuação, de forma que o dispositivo atue dentro de um tempo especificado. Já o tempo convencional de atuação do dispositivo dependerá do valor da corrente nominal.

A tensão nominal de um dispositivo de proteção e manobra é a tensão para a qual o dispositivo foi dimensionado e para a qual se estabelece os valores de interrupção e estabelecimento nominais. Outra grandeza importante nos estudos de proteção é a integral de Joule (I^2t), que corresponde ao valor da energia térmica por unidade de resistência liberada em um circuito.

6.1.1 Fusível

De acordo com a ABNT NBR 5410:2004, os fusíveis são dispositivos destinados à proteção dos circuitos por meio da fusão do "elo" contido no seu interior e necessitam ser trocados a cada atuação do dispositivo. A atuação do dispositivo fusível se dá quando o valor de corrente nominal do fusível é ultrapassado e resulta em uma elevação de temperatura dentro do dispositivo até o ponto em que a temperatura atinge a temperatura de fusão. Após a fusão, cessa o funcionamento do fusível, mas a corrente que ocasionou a fusão não é interrompida e se mantém por meio de um arco elétrico.

Gradativamente, a fusão e o arco provocam a evaporação do material metálico que constitui o elo do dispositivo. Dessa forma, o arco vaporiza e é extinto. Esse processo, usualmente, leva em torno de 5 ms.

Esses dispositivos são empregados para proteção contra sobrecargas e curtos-circuitos. De acordo com a ABNT NBR 5410:2004, para a aplicação contra curtos-circuitos, os fusíveis devem atender à seguinte condição:

$$I_a \leq I_{kmin} \quad (6.1)$$

em que I_a é a corrente correspondente à intersecção das curvas C e F da Figura 6.1 e I_{kmin} é a corrente de curto-circuito mínima presumida.

Figura 6.1
Intersecção da curva de suportabilidade térmica do condutor com a curva de fusão do fusível

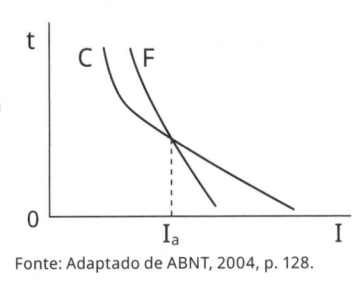

Fonte: Adaptado de ABNT, 2004, p. 128.

A ABNT NBR 5410:2004 faz menção à qualificação das pessoas que podem promover a retirada e a instalação de um novo fusível, distinguindo-as em "pessoas que não sejam advertidas nem qualificadas" e "pessoas advertidas e qualificadas". Desse modo, a Norma diferencia as características construtivas para esses grupos e formas específicas de instalar. Por exemplo: os dispositivos fusíveis para uso por "pessoas advertidas e qualificadas" são aqueles de uso em instalações industriais; já os do outro grupo são os fusíveis de uso doméstico.

Os fusíveis devem ser selecionados pelo valor de corrente nominal (In). Apenas para citar alguns valores, temos: 2 A, 4 A, 6 A, 8 A, 10 A, 12 A, 16 A, 20 A, 25 A, 32 A, 40 A, 50 A, 80 A, 100 A, 125 A, 160 A, 200 A etc. Com base nesses valores, são definidos o valor das correntes de fusão (If) e não fusão (Inf), conforme apresentado na Tabela 6.1.

Tabela 6.1
Corrente de fusão e não fusão (A)

Corrente nominal (I_n)	Corrente de não fusão (I_{nf})	Corrente de fusão (I_f)	Tempo de corrente (t_c – h)
≤ 4	1,5 I_n	2,1 I_n	1
4 < I_n ≤ 10	1,5 I_n	1,9 I_n	1
10 < I_n ≤ 25	1,4 I_n	1,75 I_n	1
25 < I_n ≤ 100	1,3 I_n	1,6 I_n	1 (≤ 63 A)
			2 (≤ 100 A)
100 < I_n ≤ 1 000	1,2 I_n	1,6 I_n	1 (100 ≤ I_n ≤ 160 A)
			2 (160 ≤ I_n ≤ 400 A)
			3 (400 ≤ I_n ≤ 1 000 A)

Fonte: Cotrim, 2009, p. 200.

Na Figura 6.2, apresentamos uma curva típica de atuação de um fusível em termos de tempo e corrente.

Figura 6.2
Curva tempo-corrente de um fusível comum

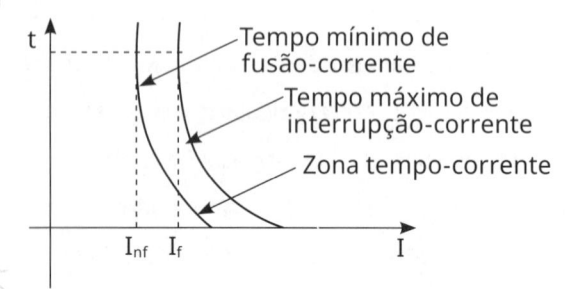

Fonte: Adaptado de Cotrim, 2009, p. 200.

Os fusíveis oferecem, entre outras, as seguintes vantagens:

- baixo custo;
- operação simples;
- adequação à proteção contra correntes de curto-circuito.

Algumas desvantagens dos fusíveis são:

- a curva tempo-corrente não é muito bem definida, sendo aceitável uma faixa provável de atuação;
- incapacidade de efetuar manobras;
- impossibilidade de ajustar um valor de corrente, a não ser por meio da troca do fusível;
- incapacidade de atuar repetidas vezes;
- maior lentidão, em comparação com os disjuntores, para atuar em situações de pequenas sobrecorrentes;
- perda do poder de atuação quando percorridos por correntes elevadas que são interrompidas por outros dispositivos, não chegando a causar a fusão.

- dificuldade na coordenação com relés a montante.

Para suprir algumas desvantagens apresentadas no funcionamento dos fusíveis, existe a opção de utilizar disjuntores, dos quais trataremos na seção a seguir.

6.1.2 Disjuntor

A ABNT NBR 5410:2004 propõe que os disjuntores sejam utilizados para promover proteção aos condutores de um circuito e para funcionar como chave de manobra, abrindo ou fechando o circuito e até mesmo seccionando-o para a garantia de isolamento parcial, quando necessário.

Para as aplicações a que se destinam, os disjuntores devem atender às duas condições a seguir:

$$I_a \leq I_{k\,min} \tag{6.2}$$
$$I_b \geq I_k \tag{6.3}$$

em que I_a é a corrente que corresponde à intersecção das curvas C e D_1 da Figura 6.3; $I_{k\,min}$ é a corrente de curto-circuito mínima presumida; I_b é a corrente correspondente à intersecção das curvas C' e D_2 da Figura 6.4; e I_k é a corrente de curto-circuito máxima presumida no ponto de instalação do disjuntor.

Figura 6.3
Intersecção da curva de suportabilidade térmica do condutor com a curva de atuação do disjuntor

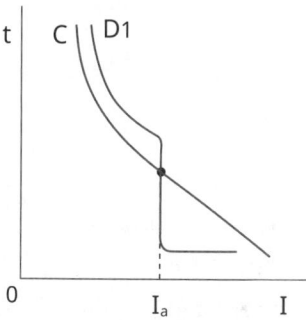

Fonte: Adaptado de ABNT, 2004, p. 129.

Figura 6.4
Intersecção da curva da integral de joule (I^2t) suportável pelo condutor pela curva da integral de joule que o disjuntor deixa passar

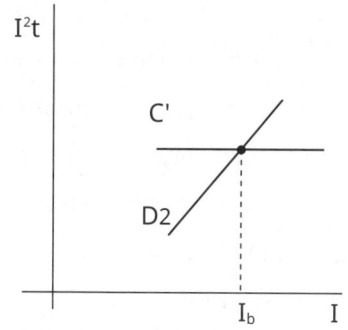

Fonte: Adaptado de ABNT, 2004, p. 129.

Os disjuntores são dispositivos que oferecem proteção aos circuitos e ainda permitem manobras manuais. Em caso de ocorrência de um valor elevado de corrente através dos condutores ou qualquer tipo de sobrecarga em um circuito, o disjuntor interrompe o circuito automaticamente, prevenindo os curtos-circuitos. Os disjuntores podem ser do tipo monopolares, bipolares ou tripolares. O dispositivo pode estar associado a um disparador que libera as travas dos contatos principais, as quais fazem o fechamento ou a abertura de um circuito. Um disparador de sobrecorrente, por exemplo, dispara a abertura de um disjuntor quando a corrente excede um valor predeterminado em condições especificadas. No entanto, um disparador de subtensão é de derivação (energizado por uma fonte de tensão), que provoca a abertura de um disjuntor quando a tensão nos terminais do disjuntor cai abaixo de um valor predeterminado.

Há uma vasta gama de tipos de disjuntores, os quais podem ser classificados de acordo com seus aspectos construtivos:

- disjuntor a seco;
- disjuntor a gás;
- disjuntor a ar comprimido;
- disjuntor a SF_6;
- disjuntor a pequeno volume de óleo;
- disjuntor a grande volume de óleo;
- disjuntor a sopro magnético;
- disjuntor a vácuo;
- disjuntor em caixa moldada e disjuntores abertos com:
  - disparadores eletromagnéticos de sobrecorrente;
  - disparadores térmicos de sobrecarga;
  - disparadores de subtensão.

Os disjuntores eletromagnéticos têm, por princípio de funcionamento, bobinas de

Proteção, manobra, comando, seccionamento e segurança

abertura que são acionadas mecanicamente. Esse dispositivo apresenta uma boa atuação para correntes de curto-circuito de curta duração. O princípio de atuação desse dispositivo é representado na Figura 6.5.

Figura 6.5
Princípio de atuação de um disjuntor eletromagnético

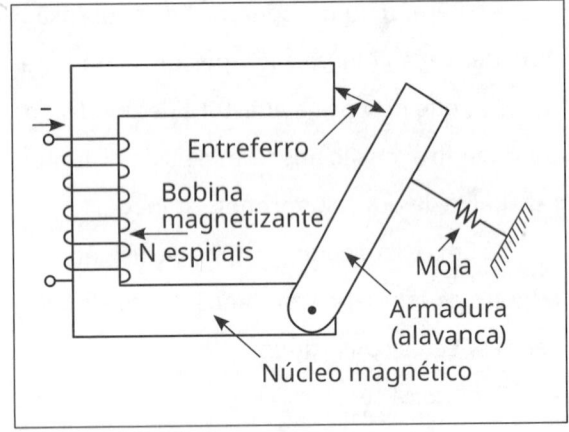

Fonte: Cotrim, 2009, p. 208.

Os disjuntores térmicos têm um dispositivo de interrupção de corrente formado por dois tipos de lâminas de metal com valores diferentes de coeficientes de dilatação térmica. Em caso de aquecimento provocado por uma sobrecarga, cada lâmina sofre um efeito de dilatação característico e, assim, desencadeia a interrupção da passagem de corrente no circuito. Esse efeito é denominado *princípio do bimetal*. O princípio de funcionamento desse dispositivo é representado na Figura 6.6.

Figura 6.6
Princípio de funcionamento do disjuntor térmico

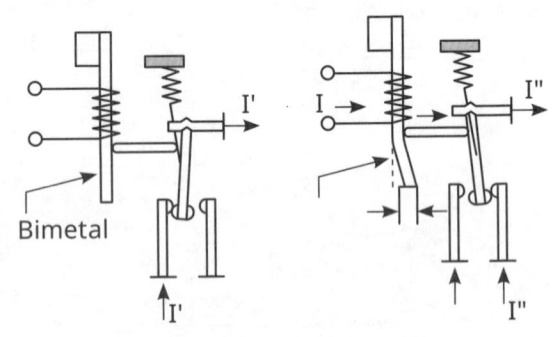

(a) Posição de repouso (b) Posição de atuação

Fonte: Cotrim, 2009, p. 210.

Em baixa tensão, é usual o emprego de disjuntores termomagnéticos. Esse tipo de disjuntor atua para valores muito próximos à corrente nominal ou de ajuste, possibilitando a detecção de sobrecorrentes de pequena intensidade. Atualmente, na maioria das instalações, são utilizados os pequenos disjuntores eletromagnéticos em caixa moldada para a proteção de circuitos terminais. Em circuitos e tomadas, por exemplo, são utilizados disjuntores monofásicos em caixa moldada.

Uma curva típica de tempo-corrente de um disjuntor eletromagnético é representada na Figura 6.7.

Figura 6.7
Característica tempo-corrente de um disjuntor eletromagnético

[Gráfico: eixo vertical t (s) de 0,001 a 10000; eixo horizontal I (Iₙ) de 1 a 200. Anotações: "Disjuntores de 10 a 70 A / Partida a frio / Temperatura ambiente 20 °C"; "I: corrente efetiva / Iₜ: corrente terminal do disjuntor"]

Fonte: Elaborado com base em ABNT, 2013a.

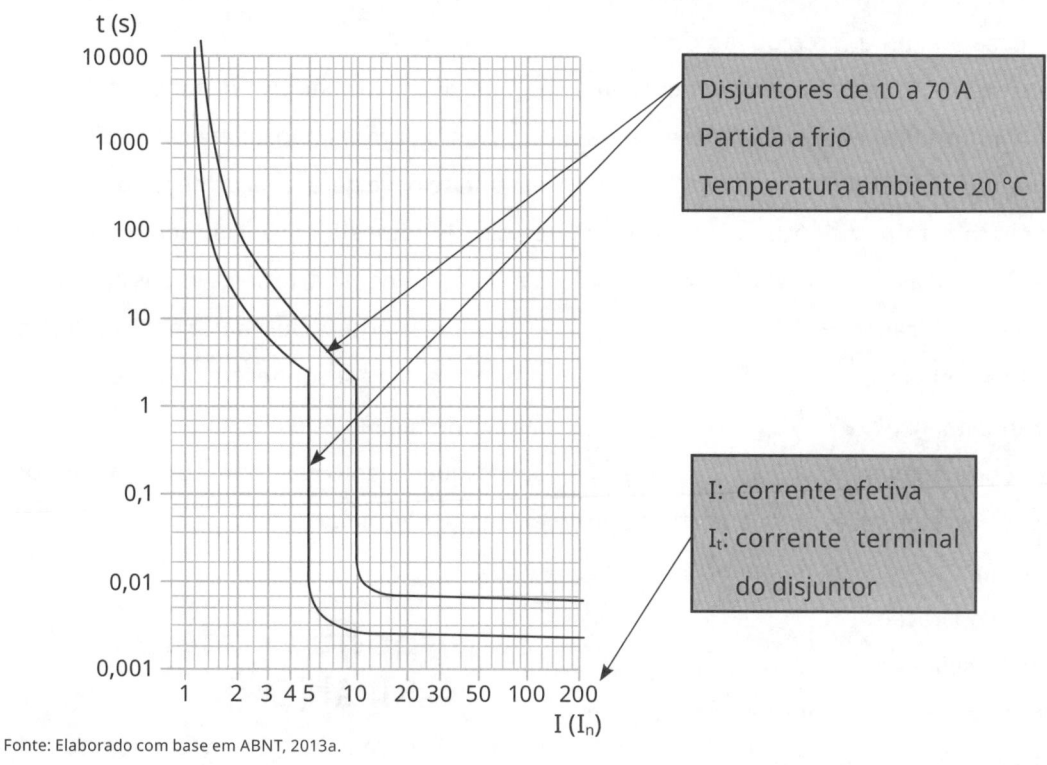

Comumente encontram-se disjuntores com valores nominais de correntes (I_n): 5 A, 10 A, 15 A, 20 A, 25 A, 30 A, 35 A, 40 A, 50 A, 60 A, 63 A, 70 A, 80 A, 90 A, 100 A, 125 A, 150 A, 175 A, 200 A, 225 A, 250 A, 275 A, 300 A, entre outros.

Os disjuntores termomagnéticos apresentam classificações de acordo com o tempo de abertura, conforme indicado no Quadro 6.1.

Quadro 6.1
Categoria de disjuntores em relação ao tempo de abertura

Tipo	Aplicação
Lento	Tempos de pré-arco ≥ 60 ms, destinados a intervir em casos extremos, como curto-circuito no circuito de distribuição principal.
Rápido	Tempos de pré-arco entre 2 e 3 ms, destinados a intervir em casos em que a corrente de curto circuito não chega a atingir seu valor teórico máximo.
Limitador de corrente	Tempos de pré-arco entre 0,6 e 0,9 ms, destinados a intervir em casos em que a corrente de curto circuito é fortemente limitada em relação ao seu valor teórico máximo.

Fonte: Elaborado com base em ABNT, 2004.

Proteção, manobra, comando, seccionamento e segurança

Ainda há um tipo de disjuntor que atua nas situações em que uma queda de tensão (subtensão) ocasiona uma interrupção da passagem de corrente. Esse dispositivo, no entanto, não volta a funcionar enquanto a situação da tensão não se normalizar.

Para escolher um disjuntor, deve-se levar em consideração as seguintes informações fornecidas pelo fabricante:

- tensão nominal;
- corrente nominal;
- frequência nominal;
- curvas características tempo-corrente do disparador térmico ou magnético;
- ciclo de operação;
- nível de isolamento;
- capacidade de estabelecimento em curto-circuito (corrente de crista);
- capacidade de interrupção em curto-circuito (corrente eficaz).

Os disjuntores apresentam as seguintes vantagens:

- ao contrário dos fusíveis, permitem ajustes nos disparadores;
- têm capacidade de atuação em operações repetitivas, sem necessidade de substituição;
- sua operação não é afetada por correntes que provocaram outros disparos;
- atuam muito bem em casos de sobrecorrentes de pequena e média intensidade;
- sua atuação é multipolar, o que evita operações desequilibradas em equipamentos trifásicos;
- permitem comando a distância.

Os disjuntores não se aplicam a situações em que se deve garantir a proteção de pessoas e animais domésticos contra choques elétricos e a situações de falta de baixa intensidade entre condutores. Outras desvantagens são que os disjuntores não reconhecem sobretensões ou surtos de tensão e não atuam quando há um sobreaquecimento nas conexões causadas, por exemplo, por mau contato.

6.1.3 Dispositivo diferencial residual (DR)

Os dispositivos DR têm a capacidade de detectar correntes residuais; eles efetuam uma avaliação e, caso seja verificado que a corrente excede o valor de referência especificado, interrompem o circuito automaticamente.

Podemos definir como dispositivo DR os interruptores DR e os disjuntores DR. Ambos os dispositivos podem desempenhar as funções de seccionamento e comando.

Os interruptores DR apenas são utilizados para prover a proteção contra choques elétricos causados por contatos diretos e indiretos. Eles podem estar acoplados a um disjuntor, pois apresentam baixa capacidade de interrupção.

O disjuntor DR, por sua vez, tem duas funções principais: a de um disjuntor termomagnético e a de um dispositivo de corrente diferencial residual. Assim, o disjuntor DR pode evitar sobrecargas e curtos-circuitos nas instalações, mas também tem a função de proteger pessoas e animais domésticos contra choques elétricos. Pelos motivos aqui relacionados, o disjuntor DR é considerado um dos dispositivos mais completos.

6.2 Seccionamento e comando

Nesta seção, abordaremos os dispositivos que visam promover a extinção de perigos em instalações ou equipamentos com o seccionamento não automático de circuitos. Esse procedimento deve ocorrer nas respectivas origens, isto é, nos condutores vivos (fase e neutro). Ressaltamos que o condutor de proteção não deve ser seccionado para garantir segurança contra choques elétricos ocasionados por contato direto.

6.2.1 Seccionamento para manutenção mecânica

De acordo com a ABNT NBR 5410:2004: "Os dispositivos de seccionamento para manutenção mecânica devem ser dispostos, de preferência, no circuito principal de alimentação. Quando forem utilizados interruptores para essa função, eles devem poder interromper a corrente de plena carga da parte correspondente da instalação" (ABNT, 2004, p. 140).

Ainda conforme a Norma, o seccionamento para manutenção mecânica pode ser realizado por meio de seccionadores multipolares, interruptores-seccionadores multipolares, disjuntores multipolares, dispositivos multipolares, plugues e tomadas.

Esses dispositivos devem ter a capacidade de ser travados na posição aberta e ser instalados de modo que não permitam o fechamento inadvertido, uma vez que a operação deve ser manual. A localização desses dispositivos deve ser identificada visando que o seu reconhecimento ocorra facilmente.

6.2.2 Seccionamento de emergência

A ABNT NBR 5410:2004 afirma que: "Os dispositivos de seccionamento de emergência devem poder interromper a corrente de plena carga da parte correspondente da instalação, levando em conta, eventualmente, correntes de rotor bloqueado" (ABNT, 2004, p. 141).

O seccionamento de emergência pode ser efetuado por meio de interruptores multipolares, disjuntores multipolares e dispositivos de comando atuando sobre contatores. Esse dispositivo deve ter a capacidade de interromper diretamente a alimentação pertinente ou uma combinação de dispositivos, desde que

Proteção, manobra, comando, seccionamento e segurança

acionados por uma única operação que interrompa a alimentação pertinente.

Os elementos de comando de um dispositivo de seccionamento de emergência devem poder ser travados na posição aberta do dispositivo, a menos que esses elementos e os de reenergização do circuito estejam sob o comando da mesma pessoa.

De acordo com a Norma, os dispositivos de seccionamento de emergência, inclusive os de parada de emergência, devem ser localizados, posicionados e identificados de forma que sua disposição e localização sejam as mais convenientes para a função a que se destinam e que possam ser facilmente reconhecidos.

6.2.3 Comando funcional

Conforme a ABNT NBR 5410:2004, "os dispositivos de comando funcional devem ter características compatíveis com as condições mais severas sob as quais possam funcionar" (ABNT, 2004, p. 142). Esses dispositivos podem interromper a corrente sem necessariamente abrir os respectivos polos.

A Norma afirma que o comando funcional pode ser realizado por meio de interruptores, dispositivos e semicondutores, disjuntores, contatores, telerruptores, plugues e tomadas com corrente nominal de, no máximo, 20 A. De outro modo, dispositivos fusíveis seccionadores e barras não devem ser utilizados para comando funcional.

6.3 Instalações de segurança

Uma instalação elétrica deve estar protegida contra choques elétricos tanto para a segurança das pessoas quanto para a segurança dos equipamentos. Nesta seção, trataremos das medidas para prover segurança contra choques elétricos diretos e indiretos. Uma instalação ainda está sujeita a descargas atmosféricas, de modo que é necessário entendermos como deve ser a instalação de para-raios.

6.3.1 Proteção contra choques elétricos

No Capítulo 4, apresentamos as definições sobre choque elétrico e afins, conforme consta na ABNT NBR 5410:2004. Agora, nosso interesse é apresentar as medidas de proteção contra choques elétricos.

Também no Capítulo 4 foram apresentados os conceitos de SELV e PELV. Os circuitos do tipo SELV proveem proteção para choques elétricos causados por contato direto e indireto; por essa razão, sua instalação deve ser eletricamente separada de outros sistemas e não deve apresentar nenhum ponto aterrado. Já os do tipo PELV são circuitos de extrabaixa tensão de segurança, atendem a todos os requisitos dos circuitos tipo SELV, mas não é eletricamente separado da terra.

Esses sistemas têm o mesmo princípio de funcionamento: limitar a tensão dos circuitos alimentadores a valores inferiores à tensão de contato máxima, de modo que, mesmo em caso de uma falta, não apresente riscos à vida humana. Os dois sistemas podem ser empregados tanto para choques por contatos diretos quanto indiretos.

No caso de proteção contra contatos diretos, a proteção básica deve ser proveniente da limitação da tensão, pela isolação básica ou pelo uso de barreiras ou invólucros. Apenas em alguns casos específicos não existe a necessidade de tornar os sistemas inacessíveis.

Para a proteção contra contatos indiretos, a proteção supletiva deve ser assegurada mediante: separação total do sistema SELV ou PELV; isolação básica entre os sistemas SELV ou PELV e outros sistemas SELV ou PELV; ou, ainda, isolação básica entre o sistema SELV e a terra.

Os sistemas SELV e PELV devem ser alimentados por fontes que promovam a separação galvânica entre eles e os circuitos de tensão mais elevada ou por fontes autônomas. Essas fontes podem ser transformadores de separação de segurança, fonte de corrente que apresente separação elétrica adequada, fonte eletroquímica que não dependa de circuito de tensão mais elevada, fonte eletrônica ou, conforme prevê a ABNT NBR 5410:2004, fonte de segurança móvel.

6.3.2 Aterramento

Podemos definir *aterramento* como a ligação intencional de um sistema elétrico com a terra, seja por meio de um condutor elétrico, seja por meio de uma resistência ou impedância inserida no caminho da corrente. Existem recomendações para que o valor dessa resistência seja baixo e que o sistema de aterramento seja capaz de dispersar a corrente na terra sem causar sobretensões perigosas.

As funções do aterramento podem ser: funcionais, de proteção ou de trabalho. O **aterramento funcional** deve ser empregado para assegurar a estabilização da tensão da instalação em relação à terra durante seu funcionamento normal e limitar as sobretensões que surgem em decorrência de manobras, descargas atmosféricas e contatos acidentais com fases de tensões mais elevadas. As ligações para esse tipo de aterramento podem ser: diretamente aterrado, aterrado por impedância e não aterrado ou isolado.

O **aterramento de proteção** consiste na ligação à terra das estruturas metálicas de aparelhos elétricos e metais condutores que não pertençam à instalação elétrica. Essa ligação deve ser feita por meio de um condutor de proteção de baixa impedância, a fim de garantir a segurança das pessoas contra choques elétricos por contato indireto.

Proteção, manobra, comando, seccionamento e segurança

O aterramento de trabalho consiste em uma instalação temporária de uma parte de um sistema elétrico à terra, com a finalidade de garantir a segurança às atividades de manutenção.

Os principais aspectos técnicos sobre o aterramento são:

- **Eletrodo ligado à terra**: Um eletrodo é diretamente ligado à terra (haste enterrada no solo) e por meio dele é que flui a corrente.
- **Tensão de aterramento (V_T)**: É a diferença de potencial entre o ponto do eletrodo e um ponto que se situa a uma distância em que o potencial é nulo.
- **Resistência de aterramento (R_T)**: Pode ser obtida pela relação entre a tensão de aterramento e a corrente (I) que flui através do eletrodo, tal que:

$$R_T = \frac{V_T}{I} \qquad (6.4)$$

A resistência de aterramento será tanto melhor quanto melhor for a resistividade do solo, dependendo ainda do número de eletrodos ligados em paralelo, das dimensões e do material do eletrodo e da profundidade em que o eletrodo encontra-se enterrado no solo.

Conforme afirmamos no início desta seção, o aterramento deve assegurar a dispersão da corrente para não ocasionar sobretensões, principalmente nas estruturas contra descargas atmosféricas. Normalmente, um sistema de aterramento produz dois tipos de tensão: a tensão de passo e a tensão de contato.

Podemos definir a tensão de passo (V_p) como a diferença de potencial entre dois pontos da superfície do solo, separados por uma distância equivalente ao passo de uma pessoa (aproximadamente 1 m), na região onde se encontram enterradas as hastes de aterramento, conforme Figura 6.8a. A tensão de contato (V_{Co}) pode ser definida como a diferença de potencial entre uma parte metálica aterrada e um ponto do solo, separados por uma distância equivalente ao braço de uma pessoa, geralmente 1 m, conforme Figura 6.8b.

Figura 6.8
Tensões no sistema de aterramento

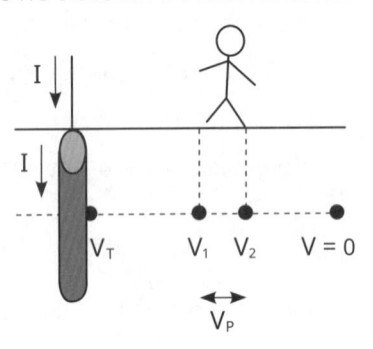

(a) Tensão de passo

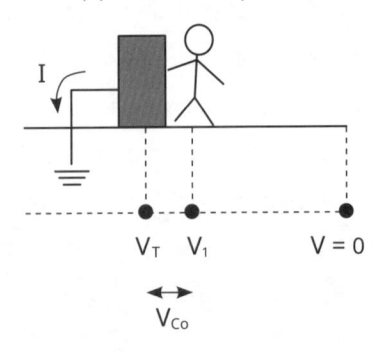

(b) Tensão de contato

Veremos, agora, como identificar, por meio de letras, os esquemas de aterramento e as respectivas configurações. Usualmente, os esquemas de aterramento são representados por duas letras e, em algumas vezes, duas letras e uma auxiliar. A primeira letra indica a condição de aterramento da alimentação e a segunda, a condição de aterramento das massas.

Por exemplo:

- Primeira letra
  - T: significa um ponto diretamente aterrado (neutro);
  - I: significa nenhum ponto aterrado ou aterramento por impedância.
- Segunda letra:
  - T: significa massas diretamente aterradas independentemente do aterramento da alimentação;
  - N: massas ligadas diretamente ao ponto de alimentação aterrado (na maioria das vezes, o neutro).

Algumas configurações possíveis são: TT, TN, IT, TN-C, TN-C-S, entre outras.

A Figura 6.9 apresenta um exemplo de um esquema de aterramento na configuração TT. Essa configuração, segundo a ABNT NBR 5410:2004, é o meio apropriado para proteção contra contatos indiretos. A Norma recomenda o emprego dessa configuração na origem de instalações alimentadas por rede pública em baixa tensão.

Figura 6.9
Configuração de aterramento TT

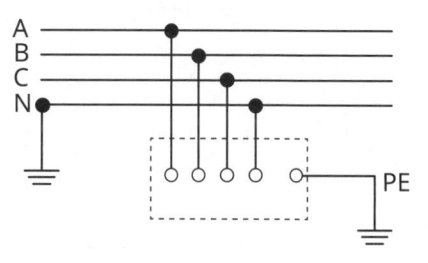

Fonte: Adaptado de ABNT, 2004, p. 16.

Outra configuração também recomendada para instalações alimentadas por rede de distribuição pública em baixa tensão é a configuração TN-C-S, conforme segue representado na Figura 6.10.

Figura 6.10
Configuração de aterramento TN-C-S

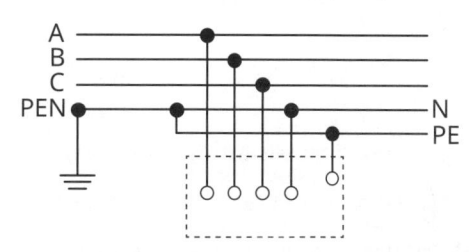

Fonte: Adaptado de ABNT, 2004, p. 15.

Os sistemas de aterramento podem assumir duas formas, a saber: sistema em anel e em malha. No sistema em anel, o eletrodo de cobre deve ser enterrado a uma profundidade de 0,5 m do entorno da edificação (Figura 6.11a). Já o sistema em malha é caracterizado por hastes distribuídas em torno da edificação, de tal forma que estas hastes estejam ligadas entre si, formando uma malha (Figura 6.11b).

Proteção, manobra, comando, seccionamento e segurança

Figura 6.11
Sistemas de aterramento

(a) Configuração em anel

(b) Configuração em malha

Uma vez apresentadas as possíveis configurações para aterramento no contexto de proteção das instalações, versaremos, a seguir, sobre proteção de descargas atmosféricas.

6.3.3 Proteção contra descargas atmosféricas

O fenômeno originado pelas descargas atmosféricas (raio) consiste em uma grande ameaça nacional. O Brasil concentra um dos maiores índices de incidências de raios do mundo: cerca de 70 milhões de raios por ano. Além dos prejuízos econômicos e danos para as edificações, a pior consequência dos raios é, sem dúvida, a perda de vidas humanas. Nesse contexto, o Brasil é também um dos países que apresenta o maior número de óbitos decorrentes de descargas atmosféricas.

O mapa isoceráunico do Brasil indica que há maior concentração de descargas atmosféricas nas regiões Centro e Sul, representando uma maior incidência em áreas rurais (áreas descampadas), regiões montanhosas e regiões de solos considerados maus condutores. O solo mau condutor dificulta o escoamento das cargas elétricas para a terra, aumentando o campo elétrico entre o solo e as nuvens carregadas, o que favorece a formação de raios.

Um raio consiste em um impulso elétrico de alta tensão que ocorre em milissegundos, podendo causar choque elétrico por tensão de passo. Esse fenômeno acontece em razão da distribuição não homogênea do potencial em pontos distintos, podendo haver uma diferença de potencial entre os dois pés de uma pessoa, cuja resistência é baixa; isso facilita a passagem de corrente através dela. O contato direto e simultâneo de uma pessoa com a terra e um equipamento que foi atingido por um raio também pode facilitar a passagem de corrente através dela. Indiretamente, a incidência de um raio pode ocasionar radiações eletromagnéticas que têm o potencial de induzir sobretensões, principalmente nos sistemas de comunicação.

No que diz respeito à regulamentação sobre para-raios, a ABNT NBR 5410:2004 é complementada pela ABNT NBR 5419:2001. Esta última norma prescreve as condições para se reduzir os danos causados pela incidência de raios por meio dos sistemas de proteção contra descargas atmosféricas (SPDA). A Norma estabelece alguns níveis de proteção, principalmente para locais de alta incidência de raios, locais de grande fluxo e aglomeração de pessoas e locais que prestam serviços à população.

Síntese

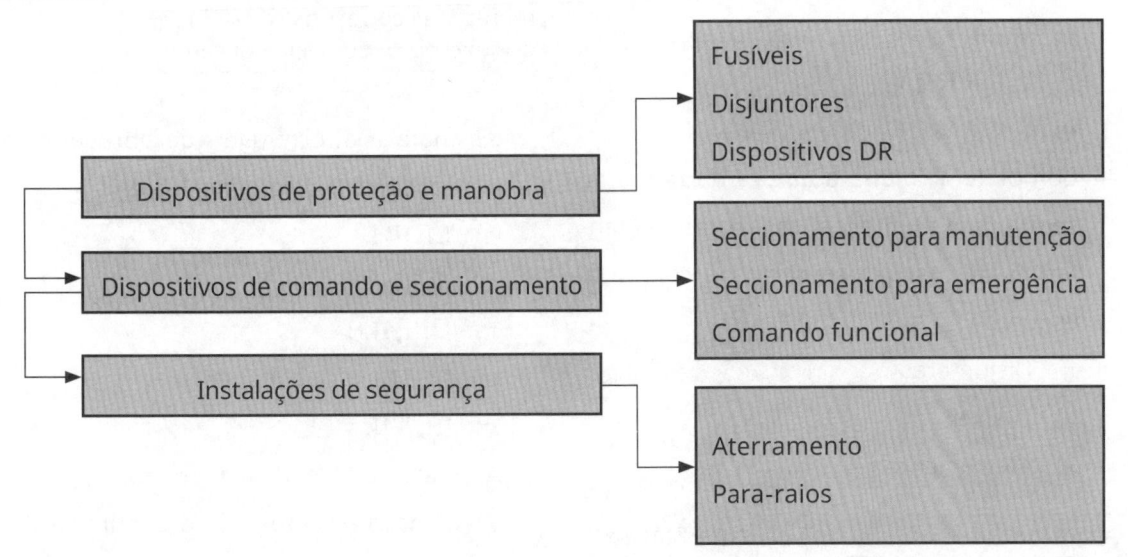

- Dispositivos de proteção e manobra
  - Fusíveis
  - Disjuntores
  - Dispositivos DR
- Dispositivos de comando e seccionamento
  - Seccionamento para manutenção
  - Seccionamento para emergência
  - Comando funcional
- Instalações de segurança
  - Aterramento
  - Para-raios

Questões para revisão

1. Assinale V nas afirmações verdadeiras e F nas falsas:
   - (   ) Uma instalação elétrica deve estar protegida contra choques elétricos tanto para a segurança das pessoas quanto para a segurança dos equipamentos e ainda está sujeita a descargas atmosféricas, motivo pelo qual se faz necessária a instalação de para-raios.
   - (   ) O índice de raios no Brasil é considerado baixo.
   - (   ) Tensão de passo é a diferença de potencial entre dois pontos da superfície do solo, separados por uma distância equivalente ao passo de uma pessoa (aproximadamente 0,5 m).
   - (   ) Os dispositivos de comando funcional devem ter características compatíveis com as condições severas de funcionamento.
   - (   ) Os interruptores DR apenas são utilizados para prover a proteção contra choques elétricos causados por contatos diretos e indiretos.

Proteção, manobra, comando, seccionamento e segurança

( ) O disjuntor DR tem duas funções principais: a de um disjuntor termomagnético e a de um dispositivo de corrente diferencial residual.

Marque a alternativa que apresenta a sequência correta:

a) V, V, V, F, V, F.
b) F, F, F, V, F, V.
c) V, F, F, V, V, V.
d) V, F, F, F, V, V.
e) V, V, F, V, F, F.

2. Complete a coluna à direita da tabela a seguir com as alternativas correspondentes às afirmações contidas na coluna à esquerda:

I) Disjuntores
II) Fusíveis
III) Aterramento

Afirmações	Alternativas
Deve ser empregado para assegurar a estabilização da tensão da instalação em relação à terra durante seu funcionamento normal e limitar as sobretensões que surgem em decorrência de manobras, descargas atmosféricas e contatos acidentais com fases de tensões mais elevadas.	
São dispositivos destinados à proteção dos circuitos por meio da fusão do "elo" contido no seu interior e necessitam ser trocados a cada atuação do dispositivo.	
Não se aplicam a situações em que se deve garantir a proteção de pessoas e animais domésticos contra choques elétricos e em situações de falta de baixa intensidade entre condutores. Não reconhecem sobretensões ou surtos de tensão e não atuam quando há um sobreaquecimento nas conexões causadas, por exemplo, por mau contato.	

Assinale a alternativa que apresenta a ordem correta de preenchimento:

a) III; II; I.
b) II; III; I.
c) I; III; II.
d) II; I; III.
e) III; I; II.

3. Assinale a alternativa **incorreta**:

a) O aterramento deve assegurar a dispersão da corrente para não ocasionar sobretensões, principalmente nas estruturas contra descargas atmosféricas.
b) A resistência de aterramento será tanto melhor quanto maior for a resistência do solo, dependendo ainda do número de eletrodos ligados em paralelo, das dimensões e do material do eletrodo e da profundidade em que o eletrodo encontra-se enterrado no solo.
c) Tensão de passo (V_p) é a diferença de potencial entre dois pontos da superfície do solo, separados por uma distância equivalente ao passo de uma

pessoa, na região onde se encontram enterradas as hastes de aterramento.

d) A tensão de contato (V_{Co}) pode ser definida como a diferença de potencial entre uma parte metálica aterrada e um ponto do solo, separados por uma distância equivalente ao braço de uma pessoa, geralmente 1 m.

4. Como devem ser sinalizados os comandos dos dispositivos de seccionamento de emergência (botoeiras)?

5. Qual é a diferença entre os interruptores e os disjuntores DR?

Questão para reflexão

1. Relacione os pontos principais das normas e regulamentos no que se refere a:
    a) Dispositivos fusíveis de baixa tensão.
    b) Disjuntores de baixa tensão para uso residencial.
    c) Dispositivos de manobra e comando de baixa tensão.
    d) Disjuntores de baixa tensão para uso industrial.
    e) Para-raios.

Para saber mais

Para complementar as informações apresentadas neste capítulo, recomendamos a leitura das obras a seguir:

ABNT – Associação Brasileira de Normas Técnicas. **NBR 5410**: instalações elétricas de baixa tensão. Rio de Janeiro, 2004.

CAVALIN, G.; CERVELIN, S. **Instalações elétricas prediais**. 11. ed. Editora São Paulo: Érica, 2004.

COTRIM, A. A. M. B. **Instalações elétricas**. 5. ed. São Paulo: Pearson Prentice Hall, 2009.

CREDER, H. **Instalações elétricas**. 15. ed. Rio de Janeiro: LTC, 2007.

CRUZ, E. C. A.; ANICETO, L. A. **Instalações elétricas**: fundamentos, prática e projetos em instalações residenciais e comerciais. São Paulo: Érica, 2011.

NISKIER, J.; MACINTYRE, A. J. **Instalações elétricas**. 6. ed. Rio de Janeiro: LTC, 2014.

Para concluir...

Com esta obra, tivemos o intuito de fornecer alguns princípios básicos de instalações elétricas para estudantes de Engenharia. Tratamos sobre o projeto de instalações elétricas especificamente no Capítulo 5, no entanto, foi necessário esclarecer alguns conhecimentos preliminares para possibilitar o melhor entendimento dos requisitos essenciais das instalações elétricas.

Desse modo, a grande vantagem deste livro é conseguir agregar diversos assuntos, de maneira resumida e inter-relacionada, concentrando o conteúdo estabelecido nas Diretrizes Curriculares Nacionais para os cursos de Engenharia no que se refere à eletricidade. O estudante de Engenharia pode, com base nesta obra, adquirir uma visão sistêmica sobre instalações elétricas, pois teve a oportunidade de conhecer todos os conceitos que regem os fenômenos da eletricidade: os princípios de materiais (condutores, isolantes e materiais magnéticos), as leis gerais (como a Lei de Ohm), princípios de circuitos elétricos de corrente alternada, circuitos trifásicos, correção de fator de potência, sistemas elétricos de potência (geração, transmissão e distribuição de energia elétrica), princípios de funcionamento de geradores e motores, entre outros.

Adicionalmente, apresentamos a norma vigente que trata das instalações elétricas – a ABNT NBR 5410:2004, até chegar ao capítulo no qual abordamos diretamente o projeto de instalações elétricas. No Capítulo 5, tratamos sobre as metodologias de projeto referentes a iluminação, tomadas, dimensionamento dos circuitos, diagrama unifilar, dimensionamento de condutores e eletrodutos.

No capítulo final, verificamos os dispositivos de proteção e segurança que devem ser instalados nas edificações.

Ao término da leitura deste livro, você terá plenas condições de tomar decisões no que diz respeito às instalações elétricas, ler e analisar projetos, projetar expansões, analisar defeitos, executar manutenções, entre outras atividades afetas aos engenheiros. Para aqueles que desejarem aprofundar seus conhecimentos em quaisquer assuntos abordados aqui, sugerimos o estudo das obras recomendadas no final de cada capítulo, na seção "Para saber mais".

Referências

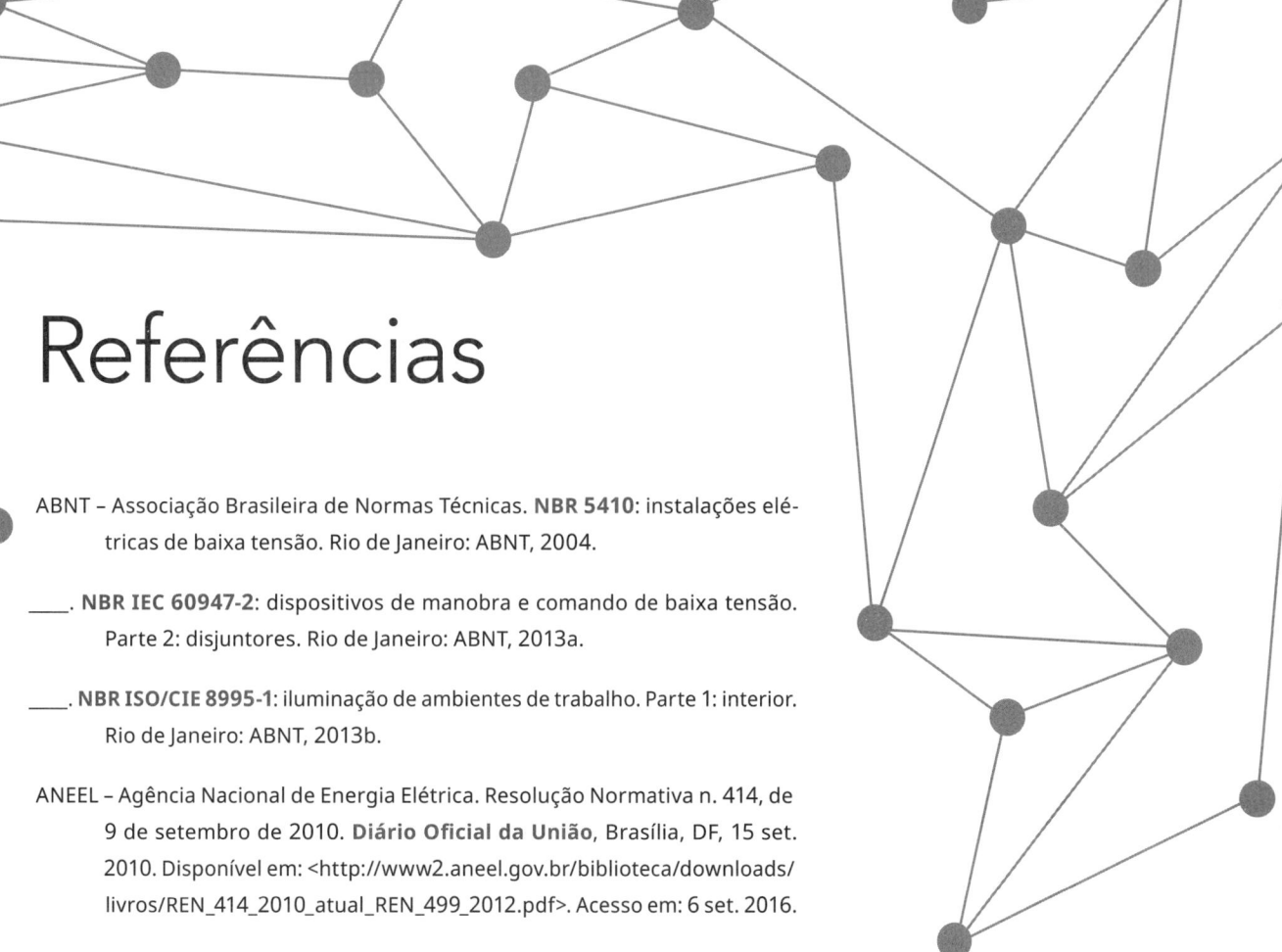

ABNT – Associação Brasileira de Normas Técnicas. **NBR 5410**: instalações elétricas de baixa tensão. Rio de Janeiro: ABNT, 2004.

____. **NBR IEC 60947-2**: dispositivos de manobra e comando de baixa tensão. Parte 2: disjuntores. Rio de Janeiro: ABNT, 2013a.

____. **NBR ISO/CIE 8995-1**: iluminação de ambientes de trabalho. Parte 1: interior. Rio de Janeiro: ABNT, 2013b.

ANEEL – Agência Nacional de Energia Elétrica. Resolução Normativa n. 414, de 9 de setembro de 2010. **Diário Oficial da União**, Brasília, DF, 15 set. 2010. Disponível em: <http://www2.aneel.gov.br/biblioteca/downloads/livros/REN_414_2010_atual_REN_499_2012.pdf>. Acesso em: 6 set. 2016.

CAVALIN, G.; CERVELIN, S. **Instalações elétricas prediais**. 11. ed. São Paulo: Érica, 2004.

COTRIM, A. A. M. B. **Instalações elétricas**. 5. ed. São Paulo: Pearson Prentice Hall, 2009.

CREDER, H. **Instalações elétricas**. 15. ed. Rio de Janeiro: LTC, 2007.

CRUZ, E. C. A.; ANICETO, L. A. **Instalações elétricas**: fundamentos, prática e projetos em instalações residenciais e comerciais. São Paulo: Érica, 2011.

DORF, R. C.; SVOBODA, J. A. **Introdução aos circuitos elétricos**. 8. ed. Rio de Janeiro: LTC, 2012.

HAYT JR., W. H.; BUCK, J. A. **Eletromagnetismo**. 8. ed. Rio de Janeiro: McGraw-Hill, 2012.

IRWIN, J. D. **Análise básica de circuitos para engenharia**. 7. ed. Rio de Janeiro: LTC, 2003.

NILSSON, J. W.; RIEDEL, S. A. **Circuitos elétricos**. 8. ed. Tradução de Arlete Simille Marques. São Paulo: Pearson Prentice Hall, 2009.

NISKIER, J.; MACINTYRE, A. J. **Instalações elétricas**. 6. ed. Rio de Janeiro: LTC, 2014.

Respostas

Capítulo 1

Questões para revisão

1. c
2. a
3. c
4.
   a) $V = k\dfrac{q}{r}$;

   b) $V = \dfrac{U}{q_0}$;

   c) $V = k\left(\dfrac{q_1}{r_1} + \dfrac{q_2}{r_2} + ... + \dfrac{q_n}{r_n}\right)$

5. Condutores: cada átomo pode contribuir com pelo menos 1 elétron de condução; isolantes: à temperatura ambiente, é improvável que exista pelo menos 1 elétron de condução; magnéticos: quando são colocados em um campo magnético, tendem a se alinhar com esse campo.

Questões para reflexão

1. As equações solicitadas estão explícitas no texto.
2. O campo magnético estacionário é incapaz de transferir energia à carga em movimento.

Capítulo 2

Questões para revisão

1. b
2. a
3. b

4. $R = 28,28\ \Omega$; $X_L = 28,28\ \Omega$
5.
    a) $R = 20\ \Omega$;
    b) $I = 2,68\ \angle\ 63,4°$ A;
    c) $V_R = 53,7\ \angle\ 63,4°$ V;
    d) $V_L = 26,8\ \angle\ 153,4°$ V;
    e) $V_C = 134\ \angle\ -26,6°$ V

Questão para reflexão

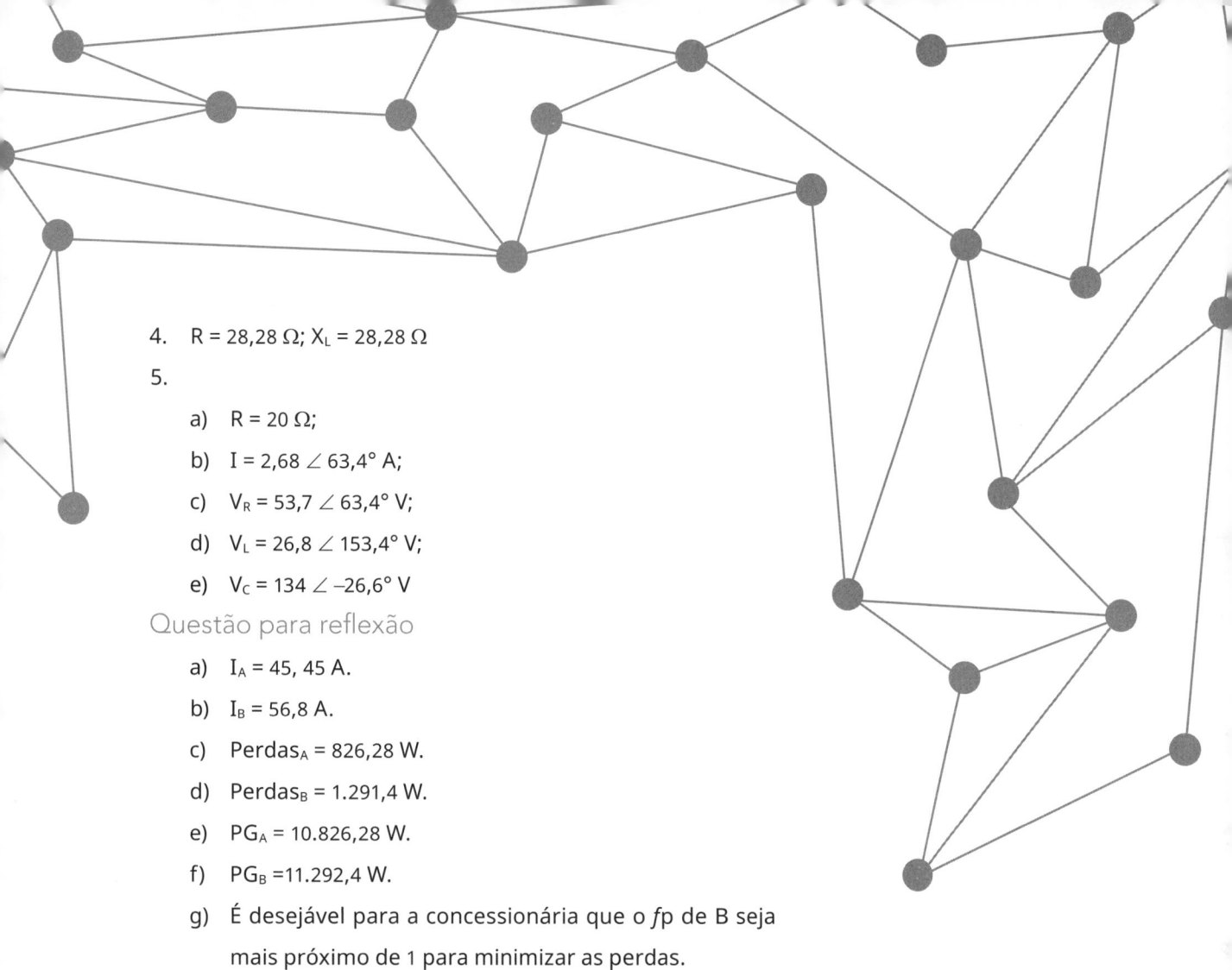

   a) $I_A = 45,45$ A.
   b) $I_B = 56,8$ A.
   c) Perdas$_A$ = 826,28 W.
   d) Perdas$_B$ = 1.291,4 W.
   e) PG$_A$ = 10.826,28 W.
   f) PG$_B$ = 11.292,4 W.
   g) É desejável para a concessionária que o *f*p de B seja mais próximo de 1 para minimizar as perdas.

Capítulo 3

Questões para revisão

1. b
2. a
3. c
4. $I_A = 38,1\ \angle\ 45°$ A; $I_B = 38,1\ \angle\ -75°$ A; $I_C = 38,1\ \angle\ 165°$ A
5. $I_N = 14,15\ \angle\ -167°$ A

Questão para reflexão

1. Resposta pessoal.

Capítulo 4

Questões para revisão

1. d
2. a

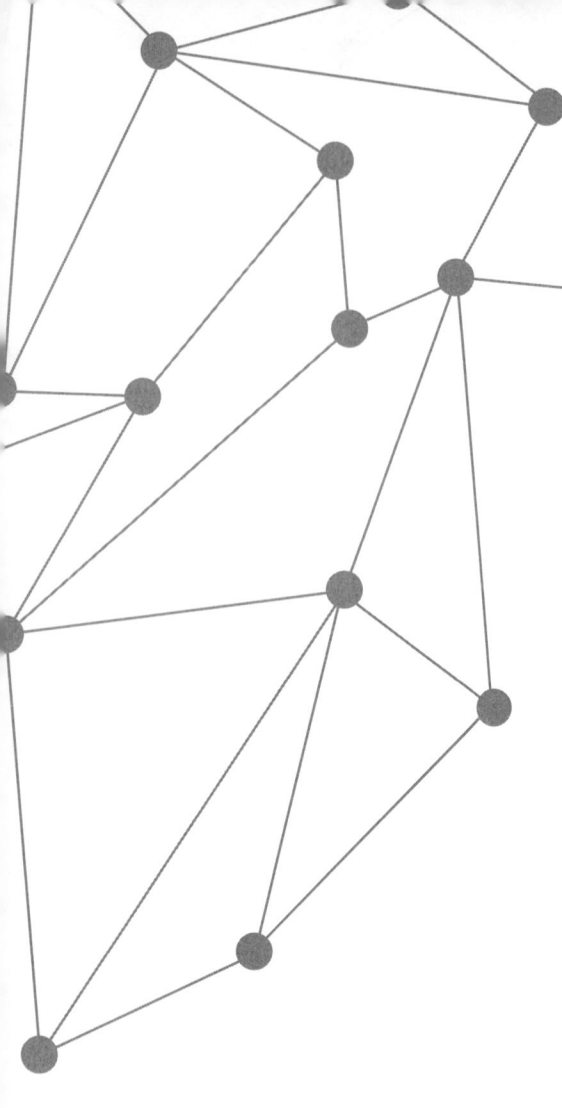

3. a
4. Instalações de tensão nominal inferior a 1 000 V (CA) e frequência inferior a 400 Hz ou 1 500 V (CC).
5. O contato direto é provocado por acidentes, quando o homem toca alguma parte energizada de uma instalação elétrica. Já o contato indireto pode ser ocasionado por alguma falha no isolamento da instalação.

Questão para reflexão

1. Resposta pessoal.

Capítulo 5

Questões para revisão

1. b
2. e
3. c
4.
   a) 1. I = 7,4 A; 2. I = 9,45 A; 3. I = 8,66 A; 4. I = 14,96 A; 5. I = 14,17 A; 6. I = 24,54 A; 7. I = 20 A
   b) Podem ser empregados dois métodos para obter a resposta: capacidade de condução de corrente ou queda de tensão. Você deve definir qual método possibilita coerência dos resultados.
5.

Quantidade mínima de tomadas	
TUG	TUE
8	4
11	2
2	–

Capítulo 6

Questões para revisão

1. c
2. a
3. b
4. Os dispositivos de seccionamento de emergência, inclusive os de parada de emergência, devem ser localizados, posicionados e identificados de forma que sua disposição e localização sejam as mais convenientes para a função a que se destinam e de modo que possam ser facilmente reconhecidos.
5. Os interruptores DR apenas fornecem proteção contra choques elétricos causados por contatos diretos e indiretos; e os disjuntores DR podem atuar como um disjuntor termomagnético ou como um dispositivo de corrente diferencial residual.

Questão para reflexão

1. Resposta pessoal.

Sobre a autora

Márcia Marcondes Altimari Samed é graduada em Engenharia Elétrica (1996) pela Faculdade de Engenharia – Campus de Ilha Solteira da Universidade Estadual Paulista Júlio de Mesquita Filho (Feis/Unesp), mestre em Engenharia Elétrica (1999) pela Escola de Engenharia de São Carlos da Universidade de São Paulo (EESC/USP) e doutora em Engenharia Química (2004) pelo Programa de Pós-graduação em Engenharia Química da Universidade Estadual de Maringá (PEQ/UEM). Tem pós-doutorado (2013) pelo Núcleo de Pesquisas em Logística (NPLog), vinculado ao Programa de Pós-Graduação em Engenharia de Produção da Universidade Federal de Santa Catarina (PPGEP/UFSC), e pós-doutorado (2014) pelo Institut National des Sciences Appliquées de Rouen (Insa/Rouen), na França. Atualmente, é professora associada do Departamento de Engenharia de Produção (DEP) da UEM.

Este produto é feito de material proveniente de florestas bem manejadas certificadas FSC® e de outras fontes controladas.

FSC
www.fsc.org
MISTO
Papel produzido
a partir de
fontes responsáveis
FSC® C107644

Impressão: Gráfica Mona
Julho/2020